如何培养孩子的自律力

蔡万刚 编著

内 容 提 要

每个父母都希望自己的孩子有一个光明的未来，能够拥有获取幸福和成功人生的能力，而自律力无疑是非常重要的能力。自律让生活井然有序，让学习如虎添翼。

本书旨在提升孩子的自律意识，让每个孩子都能养成自律的习惯，收获自律的益处。书中阐述了每种习惯和能力的具体效用和获得方法，相信仔细品读它，你定会有所收获。任何人在成长的路上，都需要适当的指引，希望本书能够成为孩子成长路上通往美好的桥梁。

图书在版编目（CIP）数据

如何培养孩子的自律力 / 蔡万刚编著.--北京：中国纺织出版社有限公司，2024.4
ISBN 978-7-5229-1550-0

Ⅰ.①如… Ⅱ.①蔡… Ⅲ.①自律—能力培养—少儿读物 Ⅳ.①C933.41-49

中国国家版本馆CIP数据核字（2024）第061209号

责任编辑：邢雅鑫　　责任校对：王蕙莹　　责任印制：储志伟

中国纺织出版社有限公司出版发行
地址：北京市朝阳区百子湾东里A407号楼　邮政编码：100124
销售电话：010—67004422　传真：010—87155801
http://www.c-textilep.com
中国纺织出版社天猫旗舰店
官方微博 http://weibo.com/2119887771
鸿博睿特（天津）印刷科技有限公司印刷　各地新华书店经销
2024年4月第1版第1次印刷
开本：710×1000　1/16　印张：10
字数：109千字　定价：49.80元

凡购本书，如有缺页、倒页、脱页，由本社图书营销中心调换

前言 PREFACE

人们都很了解习惯的力量,面对生活的琐碎和繁忙,习惯的好坏很多时候决定了生活的优劣。对孩子来说,好习惯的养成是受益终身的,尤其自律力,对成长中的孩子以及孩子的未来,都是极其重要的。能够做到自律的孩子,可以按部就班、保质保量地完成每天的学习任务,还能在有限的时间内安排好自己的生活。因此,父母与其每天都跟在孩子后面唠叨和督促,还不如注重培养孩子良好的自律习惯,这样才能起到一劳永逸的效果。

当孩子养成了自律的习惯,自律就会在孩子的生命历程中起到诸多意想不到的好作用。当然,这并不是一件简单容易的事情。要想做到这一点,父母要常常关注孩子的成长,引导孩子积极主动地制订详细周密的计划,确立远大的目标,最重要的是要督促孩子及时采取有效的措施,推动计划变成现实。只有在反复练习的过程中,自律才能作为习惯固化住,也才能与孩子相伴一生。

当然,自律的养成并不容易,真正让自律成为习惯更加有难度。父母要经常观察孩子并能够判断孩子目前的状态是真自律还是假自律。有的孩子是真自律,能够真正管理好自己,即使想偷懒也能坚持学习;有的孩子却是假自律,看起来每天都忙忙碌碌的,过得非常充实,实际上学习的效果却很糟糕。真自律和假自律在表象上是相似的,实际产生的效果却相差迥异。父母一定要引导孩子坚持真自律，切勿让孩子自欺欺人，否则最终耽误的还是孩子自己。

  本书从家庭教育的角度出发，结合孩子在不同成长阶段表现出的身心发展特点，阐述了如何让孩子提升学习自觉性和生活主动性，父母如何有效地帮助孩子养成自律习惯，希望每个家庭都能培养出一个学习认真、自律自强、做事专注、有时间观念的好孩子。

编著者
2023年11月

第1章

自律开始得越早,受益就越多

养成自律好习惯,受益一生 // 003
自律的人惊喜连连 // 006
培养孩子的自觉意识 // 009
有责任心的孩子更自律 // 013
激发自律的内部驱动力 // 017

第2章

让自律固化为习惯,与人生如影随形

适度奖励,激励长期自律力 // 023
养成固定时间学习、娱乐的习惯 // 026
让孩子从做家务开始磨炼自制力 // 030
养成自律习惯,从小事做起 // 033
孩子每天的自律,需要父母的督促 // 036
引导孩子改变拖延、磨蹭等坏习惯 // 039

第3章

专注的习惯难养成,父母要多给些帮助

催促只能打乱孩子的节奏 // 045
孩子学习时,减少对他的干扰和刺激 // 049
电子产品正在摧毁孩子的注意力 // 052

手机是自律的敌人 // 055

警惕网络偷走孩子的精力 // 058

第4章

生活习惯好，快乐健康少不了

帮助孩子养成早睡早起的习惯 // 063

让孩子养成勤俭节约的习惯 // 066

引导孩子养成运动的习惯 // 070

培养孩子不挑食、不贪吃的习惯 // 073

养成不喝饮料的习惯 // 076

自我调节，每天保持好心情 // 079

第5章

培养时间观念，学会合理安排自己的时间

帮助孩子安排好每天的时间 // 085

在固定的时间学习 // 088

培养孩子做事有条理的良好习惯 // 091

养成善于利用碎片化时间的习惯 // 095

督促孩子，不妨给他一个小闹钟 // 098

第6章

孩子养成好习惯，学习不用家长愁

督促孩子做好课前预习 // 103

告诉孩子假期学习也要自律 // 106

告诉孩子一定要避免长时间的连续学习　//　108

养成主动完成作业的习惯　//　112

适合自己的方法才是好方法　//　115

养成每天阅读十分钟的习惯　//　118

第7章
培养行动能力，一切用行动说话

养成今天的事今天完成的习惯　//　123

养成一切用行动说话的习惯　//　126

做事不找借口，把责任心放在第一位　//　129

第8章
结果骗不了人，识别假性自律

坚持真正的自律　//　135

弄清楚自律的真正目的　//　138

自律不是苛求，也不是吃苦　//　142

小心自律路上的糖衣炮弹　//　145

持久的自律才有效果　//　148

参考文献　//　151

第 1 章

自律开始得越早，
受益就越多

养成自律好习惯，受益一生

星期一早晨，乔丽刚刚到学校就接到了通知，说要开展抽考。所谓抽考，就是预先没有通知，也不给准备的时间，就考核孩子们。作为老师，乔丽心中不由得忐忑起来。这是因为班级里的大多数孩子都属于临时抱佛脚型的，一旦遇到这样的考试，肯定会原形毕露。

果不其然，考试成绩出来了，只有常年稳居第一的静静依然取得了好成绩，其他孩子不只是被"烤"糊了，简直被"烤"焦了。大多数孩子和正常的考试相比直接少了十几分、二十几分，有些孩子甚至下降了几十个名次。看到孩子们这样的表现，尽管在意料之中，乔丽还是略感失望。

在考试总结时，乔丽感慨地对孩子们说："为什么你们平时考试的成绩还算不错，可一遇到这样的抽考就原形毕露呢？这抽考就像是孙悟空的金箍棒，你们就像是变了形状的小妖怪，遇到金箍棒就马上被打得落荒而逃、原形毕露。"听到这样的形象比喻，孩子们都哈哈大笑。乔丽一本正经地继续说："我建议大家都学学咱们班的第一名静静同学。静静同学每次考试都能得第一名。虽然这次考试她也和以往一样依然是第一名，可又和以往有很大的不同。以往她和你们一样都经过了紧张的复习，可这一次，她和你们一样事先也不知道要考试。而她与你们不同的是，她的成绩没有下滑。相比起班级里的其他同学虽然保持了同样的名次,可成绩都出现了下滑,我认为静静是值得大家学习的。"

静静是一个非常自律的孩子,在平时学习的过程中,她每天都坚持预习和复习,所有的作业都一笔一划地写,非常认真。由此可以看出,她对待学习的态度是非常自律的,有时候老师没有布置作业,她也能认真地完成自己该做的事情。因为静静具有这样的学习自律性,老师们甚至特别规定静静可以不做作业,可以自主地决定做什么作业。结果往往让老师们感到惊喜,静静不仅完成了老师们布置给其他同学的作业,还做得更多更好。就这样,在每一次考试时,静静的成绩都特别优异。

在这个事例中,静静之所以不惧怕抽考,还在抽考中保持了稳定的成绩,就是因为她在学习上坚持自律。静静有这样的自律性,将来有朝一日走出了校园,走入了工作单位,相信也依然能够有出众的表现。

古今中外,每一个有所成就的人,都是坚持自律的。大文豪鲁迅先生曾经说过,哪里有什么天才,我只是把别人喝咖啡的时间用来读书、写作而已。鲁迅先生一生以笔为枪,著作等身。他之所以能够有如此伟大的成就,就是因为他坚持自律,非常勤奋。

小时候,鲁迅经常需要去当铺换钱,给爸爸买药。有一次,鲁迅因为去了当铺又去药铺,上学迟到了,所以他在三味书屋的课桌上刻下了一个"早"字。从此之后,不管面对怎样的困难,他都再也没有迟到过。鲁迅先生一生虽饱经磨难和坎坷,但从来没有想过放弃。

很多父母认为所谓自律就是守规矩,这样理解自律未免太过狭隘了。也有些父母认为让孩子自律,会让孩子太辛苦,这其实是没有意识到自律的重要性。自律之所以重要，是因为自律会影响孩子的一生。如果孩子在小时候就养成了自律的好习惯，在成长的过程中，不管面对多么艰难的事情，他们都能克服困难；不管面对多么难以坚持的事情，都能够坚持不懈。最重要的是，当孩子认为自律是理所当然的事情，他们就不会认为自律辛苦，反而能够激发出自己的内在潜能，让自己始终坚持有更好的表现，也创造充实精彩的人生。

自律的人惊喜连连

初中毕业后,娜娜没有考上重点高中,选择了就读师范学校。当时,师范学校中有五年一贯制的学习模式,即初中考入师范学校之后进行为期五年的学习,毕业的时候将会取得大专文凭。不过娜娜没有对此感到满足,她一直有一个大学梦,她想圆了自己的大学梦。

刚刚进入师范学校开始读书时,娜娜寄希望于在毕业的时候保送去读本科,可随着学习越来越深入,娜娜发现自己身边高手林立,有很多同学比她更优秀。这个时候,娜娜意识到争取保送的名额有很大的难度。正当感到沮丧时,娜娜突然得知可以通过自学考试获得本科文凭,于是多方打听得知在读大专期间就可以开始参加自学考试,只要考过所有的科目,就可以顺利地本科毕业。

娜娜兴奋极了,她当即就报名参加了自学考试。毋庸置疑,和被保送读本科相比,自学考试的难度是更大的。娜娜读的中文专业有20多门课程,每一门课程都需要通过纯自学的方式完成。借助于在学校读书的机会,娜娜一边学习学校的课程,一边坚持准备自学考试。在这个过程中,她还养成了自学的好习惯。经过了五年的努力,娜娜终于在专科毕业两年后完成了自学考试,顺利地拿到了本科毕业证。这个时候,娜娜已经工作了两年,积累了一定的工作经验，又获得了本科毕业证，可谓如虎添翼。

因为自学考试磨炼了娜娜的心智，让娜娜的自律性更强了，所以娜娜在工作中的表现也非常突出。学校领导非常赏识娜娜对待工作认真严谨的态度，也很欣赏娜娜积极追求上进的精神，因而提议让娜娜成为年级组长。听到这个消息，娜娜兴奋不已，她当即对校长立下军令状："放心吧，校长，我一定带领整个年级奋勇向前！"

自律往往会给人带来惊喜，那些坚持自律的人，会在不经意间就获得意外的收获，这并不是从天而降的好事，而是坚持自律得到的回报。就像事例中的娜娜，她觉得自己被保送的希望很渺茫，当机立断开始自学本科课程。虽然科目很多，但娜娜利用上学的时间和参加工作之后的时间始终坚持学习，正是因为如此，她才能够迎来"三喜临门"。

一个自律的人不仅会改变自己，也会改变别人。比如，在家庭生活中，如果爸爸妈妈非常自律，孩子也会养成自律的好习惯；如果爸爸妈妈生性懒散，随心所欲，孩子往往就没有规矩，不能严格地管理自己。

在职业发展生涯中，自律还会带来更多的收获。每一位职场人士都希望自己能够获得快速的成长和进步，而因为缺乏自律，只靠着空想是不可能实现这个目标的，只有切实去做，才能距离目标越来越近。对孩子而言，在学习的过程中总是会遇到各种困难和阻碍，也常常会感受到辛苦。如果缺乏自律力，随随便便就放弃，看到困难就退缩，永远也不可能取得进步。

每个人要想拥有惊喜不断的人生，就必须坚持自律。父母在教育孩子的过程中，更是要在孩子小时候就有意识地培养孩子的自律精神，而切勿等到孩子养成自由散漫的个性，再去约束和管教，那就为时已晚了。即使孩子长大了，父母也能够尝试着改变孩子的性格和行为，却会在此过程中与孩子发生各种矛盾和冲突，导致亲子关系紧张。与其如此，父母不如及早帮助孩子树立正确的观念，注重培养孩子的自律精神，这对孩子而言，何尝不是一种幸运呢？

培养孩子的自觉意识

"可怜天下父母心",普天下的家长都希望自己的孩子能让自己"省心",希望孩子能主动学习,也希望孩子能以健康的心态与人交往,成为自动自发性强的孩子。所谓自动自发,即无论是在学习、生活,还是在为人、处事等方面,在没有人告知的情况下,都能做恰当的事情。他们做事情,不需要人提醒,更没有人要求,完全是在自主意识支配下的自觉行为。我们说的提升孩子的自律意识,与孩子的自动自发性有很大的关系。自动自发性强的孩子,往往能珍惜时间、主动去做,在没有人监督的情况下,也能认真、专注地学习,这就是高度自律的一种表现。

居里夫人曾两次获得诺贝尔物理奖,她出生在波兰,三四岁时就能专心致志地听哥哥姐姐念书,自己很快也学会了看书。一首诗,她只要读一两遍,就能一字不差地背诵出来。居里夫人六岁时就开始在一所私立小学就读,尽管比周围的同学都小两岁,但她却是一个出色的学生,成绩永远第一。她读书非常专心,无论外面多么吵闹和嘈杂,她都双肘伏案,手指堵住耳朵,全神贯注地读书,仿佛周围的一切都不存在。居里夫人幼年时的这种自控能力表明她有很强的自我意识。

遍翻中外名人传记，大都记有其孩提时具有较高的自动自发性，这也是自律的一种表现。要知道，这会成为一个人日后成人成才的必备素质，凡事积极主动的人，才能抓住成功的机遇，得到他人的欢迎与尊重，成为周围人心目中的"招人爱""惹人疼"。于是，培养孩子的自动自发力成为每个家长的必学功课。

亮亮的爸爸妈妈是科研工作者，在亮亮很小的时候，他们就培养了他严谨的学习和生活习惯。虽然亮亮只有10岁，他却不需要爸妈吩咐任何事情。每个周末，亮亮早晨起来的第一件事情就是摊开记事本，写下自己一天要做的事情，且按照轻重缓急从上到下罗列开来。

接着，亮亮按照罗列的任务单，从第一件事情开始做，做完一件事情才会做第二件事情。这样，根本不用大人督促，亮亮不但能很快地做完作业，而且还有玩的时间，这令亮亮的爸爸妈妈很高兴。

亮亮的爸爸妈妈也有这一习惯，他们会每天记下要做的事情，再按照写的去做，通常不会落下事情，效率也很高。亮亮在爸爸妈妈潜移默化的影响下，也养成了把一天的事情按重要程度罗列的好习惯，这让他受益匪浅。

故事中的亮亮就是个自觉的孩子。很明显，任何一个孩子，一旦懂得珍惜时间、自觉学习，就能高效地学习，养成好的做事习惯，从而受益终身。

而在现实生活中，随着物质水平的提高，我们看到的是，很多家庭养出了很多的"小皇帝"和"小公主"，更别说有自觉意识了。也有诸多父母抱怨孩子越来越难以管教，费尽九牛二虎之力，孩子依然不懂事、德行差、依赖性强、学习成绩不尽如人意，等等。他们一方面责怪孩子天生笨，不争气,另一方面又自责教子无方,心有余而力不足。究其原因,不是孩子天生就笨,父母能力不够,也不是父母不爱自己的孩子,更不是父母不愿让孩子得到良好的教育,恰恰相反,正是父母这份爱,这份无边的爱,什么都为孩子包办,不仅使孩子缺少自主表露的机会,也使父母在无怨无悔的爱的付出中忽略了对孩子动手能力的培养,扼杀了孩子自主自发地、独立解决问题的机会。

的确,教育就是培养习惯,好的习惯成就好的品格,良好的行为习惯要从小培养,若不想自己的孩子成为小霸王、小懒虫、小磨蹭,明智的做法是不做"有求必应"的父母。

1.帮助孩子学习负面情绪的管理技巧

美国有些中小学在课程中加入冥想的练习,让孩子坐下,闭上眼睛,集中意念静坐20分钟。这些适合孩子的放松技巧,早早学会,对提高抗压能力会有所帮助。另外,父母也可以鼓励孩子培养健康的兴趣和爱好,以帮助他们排解压力。

2.帮助孩子形成自制力

自制力的形成是一个循序渐进的过程,不是一蹴而就的,也不是孩子下了决心就能获得的,这是一个长期的过程。

拿学习来说,在教育孩子好好学习的过程中,如果孩子决定从明天起好好学习,每天学习十个小时以上,他就很可能因为没有达到目标而气馁;而如果你先给他定一个较为合理的目标,比如他可以在第一周时每天学习1个小时,少玩15分钟,倘若做到了这一点,第二周就每天学习1个半小时,少玩20分钟,再做到了这一点,就可以每天学习2个小时,少玩30分钟。慢慢地,他便会发现,自觉学习已经成为了自己的一种习惯,而自制力也自然而

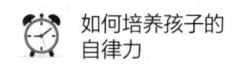

然地形成了。任何坏习惯的改变或好习惯的形成都可以采取这个方法。

3.培养专注力

可能你的孩子也想努力做一件事，比如钻研某件乐器，搞好学习等，最终不能成功的原因往往是因为他的中途退缩。因此，你必须让孩子尽早改掉这一坏习惯，否则，它会影响到孩子的一生。自动自发力强的孩子，具有高度的自律意识，有主见、有创意、懂回报、有爱心、会学习、会思考、会交往，既乐观自信，又坚强不屈，而这种能力的培养，需要家长的引导和鼓励，积极地开展情商教育，从而培养出孩子良好的情商能力，就能大大增强其心理免疫力，得以应对学习和生活中的低潮与挑战，让孩子有能力去经营一个成功与快乐并存的美好人生！

有责任心的孩子更自律

在每个家庭中,孩子身上都寄托着家庭对其的无限期望,要让孩子成长为一名合格且优秀的社会人,就要让他学会对家庭负责,对生养他的父母负责。责任应该是双向的,父母应该让孩子知道他对家庭、对父母也负有责任。作为家庭中的一名成员,孩子既应该享受权利,也应承担一定的家庭责任,包括建立家庭中的岗位,承担一定数量的家务劳动。如果一个孩子难以确立在家庭层面的责任心,将来走上社会也难具有社会层面的责任心。

有一对双胞胎姐弟,面对别人的询问时,总是姐姐回答,弟弟只做些简单的补充。姐姐的性格大方开朗,很有责任感,弟弟则性格内向、腼腆,有些胆小怕事。这两种不同性格的形成很可能源于奶奶常说的一句话:"你是姐姐,要爱护、保护弟弟,这是姐姐的责任。"正是责任,让姐姐从小担起保护人的角色,而弟弟则是被保护人的角色。不同的角色,造成了二人不同的个性品格。

姐弟俩接受的是不同的培养方式,姐姐总是充当着保护弟弟的角色,让弟弟产生了依赖感,胆小怕事,长大后也很难有责任心。而责任心是孩子健康成长的基石，没有责任心的孩子，他的成长是不完整的，而这份不完整，将会极大地限制他将来的人生走向和生活模式。而在现实生活中，很多家长却延续着这种错误的教育方式，忽略了培养孩子对家庭的责任心。

时下很多父母都是如此，越俎代庖，包办一切，使孩子产生依赖感，在培养孩子的责任感方面往往有一个误区：在孩子小的时候，父母会认为孩子小而帮他做所有的事，使孩子失去了主动、独立做事的机会。一旦孩子长大了，到了小学高年级或是中学，想让他独立地做一些事，且有责任感，可就太难了。于是，父母开始埋怨、着急，认为孩子不懂事，自己的辛苦没有得到回报。

父母要让孩子明白，他必须成为一名合格的家庭成员，承担起家庭的一部分责任，这样，他才有能力在未来的家庭生活中承担起责任。那么，父母应该怎样从家庭开始培养孩子的责任心呢？

1.给予孩子充分的信任

当孩子被信任，且认为有能力时，他会关心更多的事物，没有什么比信任更能促使孩子建立起责任感了。反过来，信任的缺失最终也必将导致孩子责任感的缺失。

生活中，很多父母处处包办一切，这不是在帮助孩子，而是在坑害孩子。父母毕竟不能包办孩子的一生，当孩子走入社会、独自面对风雨时，谁来继续包办呢？父母总认为孩子还小，处处不放心，给予孩子过度的保护，什么事都替孩子安排好、处理好，不让孩子做任何事情，替孩子解决所有的问题……包办的背后其实是对孩子的不信任，而这样的孩子，其责任感在萌芽状态就被抹杀掉了，又如何期待他们"顺理成章、水到渠成"地承担起责任呢？

2.父母要以身作则，尽好自己的责任

父母自身对家庭、对社会的责任心如何，对孩子来说是一面镜子，父母的责任心水平可以折射出孩子的责任心。对家庭、社会毫无责任感的父母，很难培养出有责任心的孩子。

父母要给孩子树立一个好榜样。父母在孩子心目中一般都具有绝对的权威，所以父母的言行举止对孩子的影响是深远和巨大的。一个在生活中处处表现得不负责任的父母，即使想教育孩子做事要有责任心，孩子也会很不服气，很不以为然。反之，如果对待学习、工作都是认真负责的态度，孩子也会耳濡目染。此外，父母可以时常有意识地与孩子谈自己的工作，把自己完成一项任务、克服一个困难后的愉快和成就感传达给孩子，使孩子能具体地感觉责任意识在生活中的重要性，从而主动、积极地养成责任习惯。

3.让孩子养成动手的好习惯，自己的事情自己做，还要承担一定的家庭劳动

责任心的培养要通过孩子自身的实践体验，父母越俎代庖是无济于事的。有的父母替孩子整理书包，帮助孩子检查作业，这是责任心的"错位"和"越位"。让孩子自己承担失责的后果，孩子才能懂得上学读书不仅仅是个人的私事，更是对家庭和社会的一种责任。

对孩子的家庭责任心的培养还应该从大处着眼、小处着手。要让孩子在家庭岗位上感受责任的分量，倒一次垃圾、洗一块手帕都应给予表扬和鼓励，失责时应给予批评和惩罚。只有这样，才能让孩子走出自我中心，强化对他人和周围环境的责任心。

总之，父母可通过鼓励、期望、奖惩等方式，督促孩子履行职责，培养责任心。父母包办，其实是剥夺了孩子为家庭承担责任的机会，不利于孩子

形成自律性，为了让孩子坚强，父母有时要心"狠"一点，让孩子在承担责任中磨炼自己、不断成长。对家庭负责的意愿和能力，是从小培养的。放手让孩子承担一定的家庭责任，这极有可能为孩子将来的发展打下一生的基础！

激发自律的内部驱动力

毋庸置疑,和随心所欲地想做什么就做什么相比,坚持自律要求孩子必须付出更多的努力。人的本能就是趋利避害,每个人都希望自己能够安逸而又享受,而不愿意强迫自己去做很多耗费时间和精力的事情。如果缺乏外界的力量作为督促,孩子往往会逃避自律,甚至会放弃自律。要想让孩子养成自律的好习惯,父母就要激发孩子的内部驱动力,促使孩子坚持自律。当自律成为孩子人生中根深蒂固的好习惯,就会伴随孩子一生,让孩子受益无穷。

对孩子缺乏自控力、自律性这件事,很多父母都难以理解,明明自己经常提醒孩子要自我管理,坚持自律,可孩子却总是做得不能让父母满意。其实,很多孩子都不能深刻理解自律的含义,认为自律就是失去自由。当真正做到自律时,孩子才会意识到,自律会让他们得到更多的自由。自律的孩子就像鸟儿在天空中飞翔,而不能坚持自律的孩子则在父母的管束下束手束脚。

所谓自律,就是管理自身,以一定的标准和行为规范要求自己的言行举止必须达到一种标准。由此可见,自律是人有意识地自我管理。在自律的过程中,还要学会承担责任,为自己的错误负责。由此可见,自律的确是会使人感觉到失去自由，可在这个世界上，没有人能够享受绝对的自由。既然一定要遵守规则，为何与其被动地遵守规则，何不主动地遵守规则呢？父母要教会孩子主动地在各个方面都表现良好，从而获得更大的自由。

在现实生活中，很多成人都缺乏自律，更何况是孩子呢？作为父母，要想让孩子养成自律的好习惯，就要在孩子小时候就有意识地培养孩子的自律性。当然，孩子并非天生就能自律的，而是在后天成长的过程中渐渐养成的。具体来说，父母要做到四点。

1.父母要成为孩子的榜样

在家庭生活中，如果父母的行为自由散漫，不能主动遵守规则和制度，孩子就会模仿父母的样子，也不愿意管理好自己。因此，父母要想帮助孩子养成自律的好习惯，首先要规范自己的言行，坚持遵守规矩，才能给孩子树立积极的榜样。

2.引导孩子遵守社会的公共规则

在现实生活中，很多人都不愿意遵守社会规则，这是因为他们认为遵守社会规则会限制自由。实际上，整个社会就像一架庞大的机器，之所以能够保持良好的运转，正是得益于每个社会成员都主动遵守规则。如果所有的社会成员都盲目地破坏规则，就会导致社会秩序陷入混乱无序的状态之中。

3.为孩子制定规矩

要让孩子知道，只有遵守规矩才能享受更大的自由。孩子之所以不愿意管理自己，就是因为不想被条条框框束缚住。让孩子认识到只有自己主动遵守规则才能获得更多的自由，他们就会从抗拒自律到主动自律，这样一来，就拥有了源源不断的动力做到坚持自律。

4.把制定规矩的主动权交给孩子

在为孩子制定各种规矩时,如果孩子心生抵触和抗拒,父母可以换一种方式,不要公然地命令或是训斥孩子,而是应该把制定规矩的主动权交还给孩子,邀请孩子参与制定规则。父母还可以让孩子为家庭生活提出建议,只要孩子的建议是合理的,父母就要积极地采纳。在这个过程中,孩子会形成小主人意识,把自己当成家庭的主人,对自己和整个家庭都负起责任。可想而知,他们的自律性当然会越来越强。

只有坚持自律,才能享受更为充分的自由。在这个世界上,绝对的自由是根本不存在的,一切的自由都要在条条框框的约束下才能存在。当真正认识到这一点时,孩子就知道了自律的深刻含义,也就拥有了源源不断的原动力,从而可以在人生之中拥有更为高远的天地,也能够尽情快乐地展翅高飞。

第 2 章

让自律固化为习惯，
与人生如影随形

适度奖励，激励长期自律力

让自律固化成为一种习惯，渗透在孩子的人生中，与孩子如影随形，并不是一件简单、容易的事情。因为不自律的表现常常会出现反复。对自己喜欢做的事情，孩子也许具有自律性；而对自己排斥和抗拒的事情，孩子的自律就会大大降低。在这种情况下，就需要父母以合适的奖励机制给予孩子鼓励，给予孩子持续的动力，这样孩子才能前后一致，保持对自律的高度要求。

在为孩子提供奖励时，父母要注意把握分寸。古人云，凡事有度，过犹不及。如果不管孩子做出怎样的自律行为，父母都慷慨地给予奖励，日久天长，孩子就会觉得自己这样表现完全是为了父母。实际上，孩子只有真正意识到自律是为了自己好，是为了管理好自己，才能够拥有自立的真正动力。

在小学低年级阶段，老师往往会以奖励小红花、小红旗等方式持续地激励孩子保持自律，这样的做法父母也是可以借鉴的。孩子还很小，心思简单快乐，只要能够得到老师奖励的小红花或小红旗，他们就会觉得很开心。在家庭生活中，如果觉得小红花或小红旗对孩子没有真正的意义，父母可以采取积分制。例如，在孩子做出一个自律的表现后，父母要奖励孩子一定的积分，当孩子把积分积累到一定程度时，就可以用积分换取相应的奖励，这样

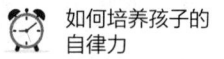
如何培养孩子的
自律力

孩子就会能得到持续的动力。

每天放学回到家里之后，张明都要吃零食、喝牛奶，或者是玩玩具、看电视，总而言之，就是不愿意当即写作业。为了让张明能够在回家的第一时间就开始写作业，妈妈想尽了办法，既打过，也骂过，还惩罚过，却都收效甚微。

期中考试之后，老师召开了家长会。张明妈妈得以有机会和其他家长沟通。在开完家长会之后，她赶紧去请教班级里学习成绩好的孩子的妈妈。原来，这名同学之所以始终能够保持优秀的成绩，与良好的学习习惯是密不可分的。

每天放学回到家里之后，爸爸妈妈还没有下班回家，孩子第一时间就开始认真完成作业。等完成学校的作业之后，如果爸爸妈妈还没回家，他也不会浪费时间，而是开始做课外作业。就这样，等到爸爸妈妈回家时，他已经把所有的作业都完成了。

那么，这个孩子是如何养成积极完成作业的好习惯的呢？张明妈妈对此很好奇。那位妈妈忍不住笑起来，说："其实，我刚开始时是用积分奖励的。例如，每一次主动完成作业就可以得到十积分；如果不能主动完成作业，就会扣除相应的积分。当积分奖励达到一百分时，就可以换一本故事书；当积分达到三百分时，就可以去一次游乐场；当积分达到一千分时，就可以换一次长途旅行。这些项目对孩子而言都是非常有吸引力的。当然，他也没有那么容易就攒到一百积分，因为当他违反规矩时，我也会扣除相应的积分。"

听到这位妈妈说得头头是道，张明妈妈佩服不已，说："原来这么做就能够让孩子积极主动地完成作业啊！我每天都和孩子发生矛盾，爆发争执，就是为了督促他及时完成作业。我一定要向你学习，你能把你的积分表拍给我看一看吗？我要如法炮制一个。"那位妈妈点点头，答应了张明妈妈的请求。

回到家里之后，张明妈妈就制作了一个相同的表格，并且坚持对张明采取激励和惩罚的措施。刚开始时，张明对此不以为然，他觉得爸爸妈妈一定不会兑现承诺。想到商鞅立木取信的故事，妈妈故意放松对张明的要求，张明很快就积攒了300积分。妈妈真的兑现了诺言，带着张明去了游乐场玩。直到此时，张明才相信妈妈说的都是真的。从此之后，他越来越看重积分，非常积极地获得积分。理所当然地，张明的自律表现也越来越好了。

除了不能主动写作业外，孩子还会有很多缺乏自律的行为表现。例如，很多孩子会把家里弄得乱七八糟，玩过玩具之后不愿意收拾，或者在写完作业之后把书本、文具等随便放在书桌上，不愿意收拾书包和书桌。在这种情况下，父母往往非常厌烦，为了让孩子能够主动收拾东西，父母就可以把主动收拾物品这一项获得积分的重要项目，根据实际情况确定具体的分数。当用积分换取了自己想要的礼物之后，孩子就会想方设法地获得更多的积分，也会把事情做得更好。

有些孩子是非常聪明的，比父母更机灵，很有可能会给父母设置陷阱，有些父母因为疏忽大意，不知不觉间就会落入孩子的陷阱，甚至被孩子牵着鼻子走。这样一来，积分制度就失去了原有的作用。因此，父母在执行积分奖励制度时一定要坚持原则，这样才能对孩子保持持续的吸引力，让孩子表现得更好。

如何培养孩子的自律力

养成固定时间学习、娱乐的习惯

生活中，很多父母经常听到孩子抱怨学习太累、休息时间不足，多想无忧无虑地玩耍，而父母也纳闷，除了学习什么都不让孩子做，他怎么会累呢？其实，这是因为孩子不懂时间管理，没有合理规划好自己的学习、娱乐和休息时间，而且孩子心理负担重，就容易出现注意力不集中，学习效率下降的情况，为此，父母必须要明白，只有解除孩子的心理负担，轻装上阵，学习和考试才能收获理想的效果。

因此，父母一定要让孩子学会劳逸结合，懂得放松。

从三年级下学期开始，芳芳就觉得自己很累，好像永远有做不完的作业，有看不完的书，就连最喜欢的电视剧，她也没有时间看了。紧张的学习压力让她喘不过气来。

爸爸是个细心的人，他看出来女儿的变化，于是和妻子商量，带女儿出去玩一天。

在一个周末，芳芳一家三口一起去爬山，爬到山顶时，爸爸对芳芳说："当心理状态不佳时，你可以暂时停止学习，放松放松，有一些小窍门会起到立竿见影的效果，如深呼吸、绷紧肌肉后放松、回忆美好的经历、想象大自然美景等。另外，平时学习时，也一定要注意劳逸结合，学习之余可以去上网、爬山、聊天、听广播、看电视，甚至蒙头大睡，既可以暂时转移注意力，也可以缓解大脑的缺氧状态，提高记忆力。这些方法都可以释放内心的压力，记住，劳逸结合，学会缓解压力才能学习得更好。"

"谢谢爸爸，我知道该怎么做了。"

作为父母，尽管知道学习对孩子的重要性，但不可一味地给孩子加压，压力越大，孩子越容易产生心理负担，反而适得其反，那么，父母该如何教会孩子合理规划时间，做到学习娱乐两不误呢？

1.告诉孩子要劳逸结合

孩子努力学习是好事，但不能太过疲劳，父母应该告诉孩子：首先要保证睡眠，晚上不开夜车。如果睡眠不足，要抽时间补回来。另外，要适当参加运动。若时间允许，可在平时唱唱歌、跳跳舞或参加一些集体娱乐活动。在看书做作业时，可以做做深呼吸、向远处眺望等。

2.与孩子制订学习休息表，告诉孩子该学习的时候学习，该玩的时候玩

一位孩子说："'该学习的时候学习，该玩的时候玩！'母亲嘴中也总是挂着这句话。是的，该学习的时候学习：我和妈妈做了一个作息表，周一至周五当然是以学习为主，直到周六下午，除了完成老师布置的作业还要完成课外的练习。该玩的时候玩：妈妈每个周日都会带我出去玩，在玩的过程中也能学到东西。"

3.没必要补课

那些成绩好的孩子都坚持一个观点——没有必要补课。的确，学习讲究的是方式、方法，打疲劳战术是最不可取的，尤其是中小学来说，根本没

必要将所有时间都投入学习中，只要上课认真听讲，多和同学交流，及时弄懂错误的题，是很容易将知识学扎实的。

4.留出一些机动时间

很多孩子会把自己一天的时间安排得满满的，但一遇到突发事件，就手忙脚乱了。其实，父母应该告诉孩子，要学会合理地规划时间，留出一些时间处理突发情况；即使没有出现这些突发状况，也能给自己一个放松和休息的机会。

5.带孩子出去走走，回归自然

父母不妨多抽出一点时间，陪着孩子多出去走走，让孩子感受感受自然的伟大和神奇，尤其是那些山清水秀的地方，更是释放心理压力的好去处。在神奇的自然面前，所有的烦恼事都会烟消云散。

6.体力排放法

体力排放，也就是人们常说的运动排解压力法。这里的运动，可以是力量型的运动，如长跑、打球、健身等，也可以是智力型的运动，包括下棋、绘画、钓鱼等。从事自己喜欢的活动时，不平衡的心理自然逐渐平衡。

7.鼓励孩子与人交往，走出狭小的生活圈子

人们都有压力，也就有一套自己的减压方法。通常，人们都会选择与人交往的方法，因为当融入人群时，你会有种感觉：大家都跟我一样有压力，就看谁会调节。当你认为自己跟大家都一样时，你的压力马上就会减轻。

8.对年龄较小的孩子，要注意方法，最好能寓教于乐

在生活中，有一些父母在孩子很小的时候，就想让孩子识字，却不讲教育方法，仅仅在纸上写几个字，让孩子照葫芦画瓢。这样的教育，孩子毫无兴趣，自然也学不好。而父母便认为孩子是在偷懒，往往采取惩罚的手段。

这样的教育方法，只会让父母累、孩子苦，但收效甚微，还会造成孩子的逆反心理，在将来上了学后，也会对学习发怵，甚至出现逃学的行为。

因此，对孩子的早期教育，父母一定要重视方法，最好能寓教于乐，因为对婴幼儿阶段的孩子来说，他们的大部分时间都是在玩中度过的。因此，当孩子开始在草地上摸爬滚打时，千万不要喝止孩子，这是引导孩子掌握平衡和灵活性的最佳时期。如果孩子大一点了，父母可以放手让他和同龄孩子一起游戏。

这样，在玩乐中，智力、想象力、创造力、与人交往的能力等都得到了锻炼，这些是孩子将来接触社会时必须掌握的。

因此，可以说，让孩子在婴幼儿时期有充分的玩的机会，对孩子的智力和非智力因素的发展都是极为重要的，同时，也能避免孩子出现某些身心上的障碍。

总之，父母要明白，孩子的学习单纯靠挤时间是没用的，要注重效率。因此，父母一定在告诫孩子努力学习的同时，帮助他们学会充分地利用时间，做到该学习的时候学习，该娱乐的时候娱乐，学习娱乐两不误。

让孩子从做家务开始磨炼自制力

认真专注、自制力强的孩子无论是做事还是学习,效率都会更高,因为他们在课堂上可以学习到更多知识。相反,自制力差的孩子,听了一两句话后就开始走神,学习跟不上,考试成绩也差,可见专注力对孩子来说多重要。

然而,专注力的培养并不一定都在远方,其实往往就在我们眼前,甚至是些不起眼儿的小事,如做家务等。做家务是一个很好的机会,它不仅可以提升做事的能力,也可培养专注的习惯。

有位10岁的小女孩儿,负责为家里倒垃圾已经5年了。在她五岁时,突然对倒垃圾产生了兴趣,一听到收垃圾的铃声,就提着垃圾桶去倒。她的父母为了提高她参加家务劳动的积极性,培养她的责任感,就对她帮父母做事的行为予以表扬,说她能干、勤快,还经常当着女孩儿的面在外人面前称赞她:"干得不错!我们都应该向你学习!"这样,不仅激发了孩子主动倒垃圾的自豪感,也让孩子慢慢地形成了习惯,把这项劳动看成一种责任。

作为父母,当孩子有了一定的行为能力后,就要鼓励他们多做家务,让孩子在做家务的过程中养成专注的习惯，然而，在现代家庭中，很多孩子对家务不闻不问，这不仅与孩子的惰性有关，更重要的是父母不恰当的教育方式：一是父母喜欢大包大揽，不懂得让孩子从小养成爱劳动的好处；二是有的父母一开始也想让孩子干一些力所能及的家务活，但孩子几次做不好，就不让做了；三是在"万般皆下品，唯有读书高"的传统观念的影响下，不少父母忽视了对孩子的劳动教育。其实这样做剥夺了孩子的成长舞台，把孩子管成了事事依赖父母的"精神残疾"。

事实上，适当让孩子干点家务活不仅影响不了学习，而且有助于培养其意志和品质，尤其是注意力的培养。通过承担一定的家务责任，孩子能够形成自我意识，建立起自信心，形成独立的人格，学到日常生活中的很多实用技能，等等，这些都为孩子以后的成长打下了基础。

可能有些父母会发出疑问：对那些已经懒惰成性的孩子来说，怎样才能让他们做家务呢？要提高孩子的劳动积极性，少不了鼓励和表扬。

"儿子从小就爱劳动，这是因为我经常夸他，记得儿子3岁半时，我用破衣服给他做了一个小拖把，每天让他学习拖地。虽然那架势像是在写大字，但我仍高兴地夸他'是个爱劳动的好孩子'。有时，邻居们看见了，也忍不住表扬他几句。得到肯定后，儿子的干劲更大了，不但要争着拖地，还抢着擦窗户、洗碗。后来，儿子上了初中，好像变懒了，我还是使出了旧招数。那天，我很忙，没回家做饭，等回来了一揭锅，才发现饭菜都做好了，虽然很难吃。我无奈地笑了笑，却笑着对儿子说：'你做的饭菜味道不错哦，如果少放点盐会更好。'儿子高兴地答应了，下回做饭味道好多了。"有位妈妈提到自己爱劳动的儿子时满脸笑容。

事实上，一些孩子并不是不愿做家务，关键在于父母要善于引导，使其保持对劳动的积极性。因此，父母要适当超脱一些，尽早放手让孩子成长，让孩子在做好自己事情的同时，也多做些家务，让孩子积极地参与到家庭生活的方方面面，让孩子感觉到自己不是家里的客人而是主人，体会到他在整个家庭里并不是可有可无的。在他确实是被整个家庭需要时，他就会逐步懂得爱父母，爱家人，对家庭的责任感也会油然而生！

那么，父母可以让有劳动能力的孩子做哪些力所能及的家务呢？

1.择菜

做这一家务能让孩子知道烹饪一道菜的过程，从择菜到洗菜、烧菜，中间的步骤一个都不可少，也能让孩子明白父母的辛苦。

2.洗米、煮饭

可以让孩子从舀米开始，了解全家人吃饭需要多少米，煮饭需要多少水。洗米水还可以留着用在其他方面，如洗菜，这样，孩子不仅学会了煮饭，还能产生节约的概念。

3.扫地、擦桌子

如果孩子是第一次做这些家务，父母可以为孩子准备一块专门的抹布，让孩子尝试着去做，或者带着孩子一起做，才能将桌子、地板弄干净。

4.晒、收、叠衣服

晒衣服时可以让孩子帮忙，妈妈晾衣服、叠衣服时，让孩子拿衣服，也可以让孩子学习折叠和分类。

养成自律习惯，从小事做起

真正坚持自律的人非常注重细节。有些人虽然自以为在自律方面表现良好，可在做事情时只关注重要的方面，而忽略那些自己认为不重要的细节，这使其在细节方面做得极其糟糕。正如人们常说，细节决定成败，一个人如果连细节都做不好，又怎么能够把控大局呢？古人云，一屋不扫何以扫天下，由此告诉我们，只有踏踏实实地立足于那些微不足道的事情，才能拥有大格局，也才能在坚持把小事做好的过程中成就更好的自己。

缺乏自律性的人在对待各种事情时，会把这些事情分类，对至关重要的事，他们会严肃、认真地对待；对无关紧要的事情，他们会敷衍了事。当形成了这样的坏习惯之后，渐渐地对重要的事情也会三心二意，这就使得事情的结果与自己期望的相差甚远。

有人说，一个人做一件好事并不难，难的是一辈子都坚持做好事。对孩子而言，做出一个空洞的许诺，树立远大的目标，都只是纸上谈兵，并不会产生压力。孩子因为随随便便做出许诺，不得不在很长时间里坚持去做一些事情，因而感到进退两难。孩子的自控力毕竟是有限的，在生活中很容易受到各种诱惑，所以每天坚持做好一件事情对他们而言是有很大难度的。

周末，小峰和爸爸妈妈在楼下的培训机构门口玩耍。听到培训机构里传来钢琴的声音，小峰就走进去查看情况。这是他第一次看到钢琴，试探性地把手压在琴键上，听到琴键发出的美妙悦耳的声音，当即就被震撼了。他要求爸爸妈妈给他报名参加钢琴学习班，爸爸妈妈对此很犹豫，因为学钢琴是一件需要长期坚持的事情，如果不能坚持，就注定会半途而废，而且毫无成果。因此，爸爸妈妈反复询问小峰是否愿意每天都练习一个小时钢琴，小峰当即说道：我可以把玩耍的时间从两个小时缩减为一个小时，这样我就既能玩又能练琴了。"

听到小峰答应得这么斩钉截铁，爸爸妈妈当然预见到了小峰未来在思想上还会有变化，可一想到这是小峰第一次对某样东西表示出如此强烈的兴趣，所以不想拒绝小峰的请求。合计之后，爸爸妈妈决定答应小峰的请求，交钱让小峰学习钢琴，还花费重金为小峰买了一架钢琴，摆在家中客厅的角落里。刚开始，小峰的确能够坚持练琴，甚至不需要爸爸妈妈督促，一放学就会坐在钢琴前演奏。过了一段时间之后，小峰对钢琴的新鲜劲过去了，他觉得练琴太枯燥了，所以又提出请求："爸爸妈妈，我不想再练琴了，我想学习画画。"

听到小峰的话，爸爸语重心长地说："不管是练习钢琴，还是学习画画，都需要长年累月地坚持。没有人能够不努力就获得成功，你最喜欢的钢琴大师郎朗小时候一边练琴一边哭，吃了多少苦头，才有今天的成就呀！"小峰若有所思。

后来，小峰每天都坚持练琴。因为他特别喜欢画画，在征求他的同意后，妈妈还为他报名了绘画班。事实证明，小峰在绘画方面的确有天赋，而在钢琴方面却天赋平平。不过，爸爸妈妈没有放弃督促小峰学习钢琴，他们希望小峰在音乐方面也有造诣。在爸爸妈妈的坚持与小峰的努力下,小峰演奏钢琴也达到了一定的水平。在绘画方面,因为有音乐的滋养,小峰常常迸发出灵感,最终成为了一名很年轻有为、颇有音乐造诣的画家。

如果小峰当初想半途而废时,爸爸妈妈答应了,不再陪着小峰坚持,小峰绝不会有今日的成就。对教育孩子,父母要始终牢记一个重要原则,那就是必须坚持做好每一件小事,孩子才能够获得大成就。古人云,不积跬步,无以至千里;不积小流,无以成江海。孩子的成长更是要靠着日积月累,才能由量变引起质变。希望孩子在一夜之间就获得成功,是根本不现实的。

也许你的孩子现在还像一只丑小鸭,只是在不知不觉间发生微小的变化,但是没关系,只要父母和孩子一起坚持,丑小鸭最终会变成白天鹅,我们一定会亲眼见证孩子的华丽蜕变。

如何培养孩子的自律力

孩子每天的自律,需要父母的督促

孩子自律习惯的养成不是呈直线持续上升的,这就意味着每隔一段时间孩子的自律水平就会下降,虽然比此前同阶段的自律水平有所提高,但和此前最高阶段的自律水平相比,会出现平稳回落的状态。面对孩子的反复波动,父母往往焦心如焚,不知道自己费尽辛苦,好不容易才让孩子形成了自律,为何在转瞬之间就出现了下降的情况。为此,父母常常不知道该如何是好。

父母应该认识到孩子身心发展存在的特定规律,知道孩子的自控能力有限,也知道孩子的情绪很容易波动。基于这些原因,孩子在自律方面出现反复的情况是很正常的。越是在这样的情况下,父母越是应该催促督促孩子坚持自律。只要熬过了自律的瓶颈期,孩子在自律的表现上就会更上一层楼。

乐乐从小学四年级开始练字,刚开始时,他进步非常快,练了两年,乐乐变得懈怠了。他原本每个周末都会自己坐公交车再换乘地铁去练字,可在瓶颈期,他却对妈妈提出:"妈妈,我不想练字了。我觉得练来练去都是那样,没有什么进步。"听到乐乐的话,妈妈意识到乐乐进入了瓶颈期,她真诚地说:"乐乐,事物都是遵循螺旋式上升的规律发展的。你之所以觉得自己最近这段时间没有进步,是因为你进入了瓶颈期。一定要熬过瓶颈期,如果你现在放弃了,或是停滞不前,就会永远处于瓶颈期。你或是被瓶颈期限制和禁锢,遭遇失败,或是永远停在瓶颈期,不再进步,这都是非常糟糕的状态。"

乐乐说:"如果我总是练却没有效果,岂不是白白浪费时间和金钱吗?"妈妈笑着说:"你坚持练习,当然会有效果呀,怎么能说没有效果呢?你想想,你之前的字是什么样子的,现在写的字是什么样子的。不管什么事情都要经历一个过程才能有进步。妈妈已经跟老师了解过了,老师说你练字的状态很好,现在之所以觉得乏味,就是因为进入了瓶颈期。让我们一起度过这个特殊时期,好不好?"

在妈妈的激励下,乐乐继续坚持练字,很快就在练字上获得了突破。让他感到惊奇的是,一切果然如同妈妈说的,虽然一开始他觉得练字很乏味,但在熬过瓶颈期之后,就再次对练字产生了浓厚的兴趣,相信练字对自己是非常有益的,也更愿意坚持练字了。

孩子一定是喜欢偷懒的,因为偷懒更容易,而坚持去做一件有一定难度的事情,则不得不付出大量的时间和精力,所以往往是很难坚持的。当孩子在智力方面出现懈怠的表现时,父母一定不要顺从孩子,更不要支持孩子放弃,而是要督促孩子,让孩子坚持努力。正如乐乐妈妈说的,只有度过瓶颈期才能豁然开朗。

在孩子犹豫不决时,父母的态度对孩子的影响很大。在这个时候,如果父母告诉孩子不要再继续努力了,孩子就有可能会放弃;如果父母告诉孩子一定要坚持努力才能取得进步,甚至陪伴着孩子一起坚持努力,孩子就会信心倍增。由此可见,父母的督促对帮助孩子养成自律的好习惯至关重要。

每一对父母都应该警惕不自律行为会反复出现的情况。当发现孩子在自律方面出现反复时,父母不要着急地批评和指责孩子,而是要静下心来和孩子一起寻找真正的原因。只有有的放矢,对症下药,父母才能引导孩子做得更好,否则一旦放弃了孩子,孩子就会持续下滑,导致之前的所作所为全都功亏一篑。

引导孩子改变拖延、磨蹭等坏习惯

"现在的孩子知识面广,脑子灵,就是有点懒,干啥都磨磨蹭蹭的",可能很多父母都这么评价孩子。而孩子拖延、磨蹭等坏习惯的最大原因就是时间观念差,之所以行动缓慢,是因为他们总认为自己还有大把的时间,长此以往,这种不良行为一旦养成习惯,对孩子的成长是极为不利的,因此,父母若不希望自己的孩子成为小懒虫、小磨蹭,明智的做法就是培养孩子良好的时间观念,帮助他们改掉拖延的不良习惯。

"东东,去做作业吧,你都看了半天电视了。"妈妈一边刷碗,一边叫正在看电视的东东回房间做作业。

"等会儿,看完这集,我就去。"

"你刚才也这么说,再不去,你今天的作业估计都做不完了。"

"哎呀,妈妈,你真啰嗦。"

"过来一下,东东,妈妈觉得有必要告诉你管理时间的重要性了。"

的确,只有在时间被充分利用而不被浪费的情况下,生活才是充实的,做事才是有效率的。

那么，父母该如何改变孩子拖延、磨蹭等坏习惯呢？

1.从生活入手，培养孩子的时间意识

对任何人来说，时间都是最为珍贵的，一寸光阴一寸金，寸金难买寸光阴。任何知识的获得，都要花费时间。因此，父母要告诉孩子，要正确地认识时间，不要荒废了大好的青春时光，要把珍惜时间当作成长路上必须培养的品质之一。

事实上，不重视时间是很多人尤其是孩子在学习乃至生活中的大敌。而养成守时、有序、高效的好习惯，是孩子一生受用不尽的财富。从人生成功的角度讲，统筹规划的意识和能力是一个要做大事的人取得成功必须具备的一项重要素质，而这种素质只能在从小就习惯制订具体的学习计划并严格执行的实践中才能形成。

培养孩子良好的时间意识，可以从生活节律着手。父母可以让孩子在日常生活中，通过睡觉、吃饭等各种活动，利用生物性节奏，培养良好的生活节律。比如，为孩子制订一份家庭作息表，纠正孩子不守时的毛病，如早晨6点半起床，7点半准时出门……晚上8点前上床睡觉，保证孩子晚上有10个小时的睡眠时间且持之以恒，逐渐培养一种守时、惜时的习惯。这样一来，孩子的时间意识、时间观念的培养自然就是水到渠成的事情了。

2.增加计时性活动

有的时候，孩子之所以拖拉，只是因为学习压力大或对所做的事情不感兴趣，可如果养成拖延习惯，就会在很多事情上都拖延。因此，想要让孩子在拖拉的事情上变得有效率，可以从孩子感兴趣的事情入手。比如说，让孩子在半个小时以内做一道菜，在做菜之前，引导孩子先规划一下流程，预估每一个流程需要多少时间，增强孩子的时间观念，此外，还可以穿插一些速度性游戏，让孩子意识到原来自己可以这么快！

3.改变评价，让孩子有意识地快起来

不要总是埋怨孩子"你老是这么'拖拉'"。在提醒孩子时，少说"你很慢"，而是有意识地强调"你可以快起来"。为了加强孩子对"快"的认知，闲暇时可以多和孩子玩计时性竞赛游戏，如比赛看谁穿衣快、比赛谁出门快等，不妨多让孩子赢。"你比我更快"的结果，作为一种非常有激励意义的评价，对孩子改变拖延症而言往往比上百句"孩子，你太慢了"要管用。

4.给孩子一个明确的时间界限

多限时能让孩子产生紧迫感，当孩子有了既定任务，也必须在一定时间内完成，孩子自然而然就会快了。这里，我们只需要给孩子一个时间点，且在时间快到时提醒孩子，让其自由支配自己的"工作"节奏。

其实，无论孩子还是大人，没有谁会喜欢自己的行为突然被强行制止。因此，父母可以考虑利用一个闹钟或是计时器等。

另外，对一些年纪不大的孩子，要尽量避免说"待会儿""很快"这些字眼，而应该明确为"10分钟后"或者"5分钟后"等，一方面让孩子对时间有一个清晰认知，另一方面也等于给了孩子一个心理准备期。

另外，如果孩子在改变这一行为习惯的过程中，能够按时完成当天的任务，父母要给予适度奖励，如奖励他在一定时间内做自己最喜欢的事，还可以给一些物质上的奖励等。

第 3 章

专注的习惯难养成,
父母要多给些帮助

催促只能打乱孩子的节奏

父母都望子成龙、望女成凤，对孩子有着很大的期待，可在很多方面未免表现得太过心焦，无论是在面对孩子的学习还是其他事情，总是觉得孩子太拖拉，总是不停地催促：快点，快点。一些父母认为催促能让孩子有紧迫感，殊不知，孩子的注意力正是在不断的催促中被打破了。

孩子转移注意力的能力并不算好，当他专心做一件事时，他就只能做一件事；如果父母不停地催促，他的注意力一下子就被打乱了。如此一来，原本在做的事情没做完，注意力又没法立刻转移到新的事情上。

因此，父母不要经常制造"紧张气氛"，别总是催孩子，要让孩子在一种安心的环境中集中注意力将一件事踏实做好，才能保证他的注意力更持久一些。

然而，很多家庭中经常听到这样的催促声："起床！起床！快去洗脸，快去刷牙……""快点啊，快点啊，不然就来不及了！"有人因而打趣地说，在中国，所有的家长都是一样的。

事实上，一个不可否认的现实是：孩子与大人一样，每日生活在催促之中，快速、高效、忙碌、省事，成为最基本和理所当然的生活状态。曾经，在孩子牙牙学语和刚学走路时，我们的口头禅是"慢慢走，小心跌跤""慢慢吃,小心噎着",现在孩子听到最多的是"快点吃饭""快点做作业""快点弹琴""快点睡觉",甚至"快点玩"。

父母为什么要不停地催促孩子呢?因为父母觉得孩子太磨蹭,打乱了自己的节奏,于是反过来打乱孩子的节奏。

在某科技馆里,4岁的小月在一个运动装置前不停地把玩,爱不释手……走在前面的妈妈不耐烦地回头,对小月说:"老玩一个有什么意思?再玩这个就没时间玩其他的了!"还没等小月回答,妈妈已经拉起小月,径直往前走了……

这样的场景,想必很多父母都不陌生,大人的生活和工作效率和节奏都快,所以希望孩子也能按自己的想法、自己的节奏行事。其实,父母要明白的是,无论是生活节奏、生理节奏还是生命节奏,我们与孩子都是大不相同的。孩子有自己的节奏,对他们而言,感觉最舒服、最顺畅、最有利的就是顺应自然的生理节奏。如果生活节奏过快,会影响孩子身体的激素分泌,对身体和心理都会造成损害。

经常被打乱节奏的孩子,一般都会有早熟、易烦躁、耐性差的特征,或截然相反,表现为反应迟缓、自我压抑,对某些事物过分依赖。

前一种孩子学会了取悦他人且优先满足他人的愿望;后一种孩子却因无法达到父母的要求而感到自己是"坏孩子",从而失去自信。这两种情况都容易让孩子丧失自我。

经常被父母催促来催促去,孩子会质疑自己的生活节奏,认为是自己出了问题,要么逐渐认同父母而变成一个同样焦虑的人,要么以一种极为拖沓的方式生活，以此表达对父母的愤怒。

儿童教育家孙瑞雪说：父母要想让孩子在人际关系敏感期发展得好，就要让他完成自己的事情，父母不要插手。直到孩子需要帮助，父母再介入，但也不是直接帮助，而是协助他，让他自己处理。

1.允许孩子慢一点

孩子的每一个成长阶段都需要得到父母的尊重。孩子小的时候需要父母的尊重，一步一步来，就像一棵小树长成大树，需要蓄积自己的能量。父母不要着急，磨蹭不是什么大不了的事情，等他自己迟到一次，认识到严重性，自己也就抓紧了。孩子的成长是逐渐接受社会磨炼的过程，父母不要着急，尊重他。

2.静静等待，不要代替

一位妈妈在谈到自己的女儿时，说："我女儿两岁半，每次吃饭总是十分笨拙、慢慢腾腾的，我工作那么忙，哪有时间慢慢等她吃，所以我一着急，就会忍不住往女儿嘴里塞，久而久之，就成了习惯。其实，我也知道这样做不对，但是每次看到女儿把饭菜吃到嘴里，我才能安心。"

其实，孩子也有自己的步调，父母只需静静地等待，让他自己一步一个脚印往前走。

父母有时候也很委屈，我催你，我也很忙的好不？你自己把自己的事情做好，还需要催吗？什么是小孩，这不就是小孩吗？小孩很难达到成年人的速度，而父母也不要妄图用成年人的思维要求小孩。父母不都是这样一步一步过来的吗？为人父母，要有耐心，不要拔苗助长，让孩子自己慢慢长。

当然，一味地指责父母也是不公平的，因为父母承受着巨大的压力。父母在努力地和时间赛跑，但无论如何，也要尝试和孩子一起慢下来生活，尤其是在对孩子的教育上，父母更要有些耐心，给孩子时间，让他自己完成，正如《孩子，你慢慢来》一书中所写的："我，坐在斜阳浅照的台阶上，望着这个眼睛清亮的小孩专心地做一件事。是的，我愿意等上一辈子的时间，让他从从容容地把这个蝴蝶结扎好，用他5岁的手指。孩子，慢慢来，慢慢来……"

孩子学习时，减少对他的干扰和刺激

父母都知道，培养孩子的注意力很重要。因为注意力是学习的基础，专注力越高的孩子，自律性越佳，越容易进入学习"状态"，也就更容易取得好的成绩。

然而，人的注意力受多方面因素的影响，良好的注意力会提高工作与学习的效率。在学习过程中，注意力是打开心灵的门户，而且是唯一的门户。门开得越大，学到的东西就越多。而注意力一旦涣散了或无法集中，心灵的门户就关闭了，一切有用的知识信息都无法进入。专注力缺陷，常常是许多学习效果差的学生的共同特点。

事实上，注意力是每个孩子与生俱来的能力，然而，家庭环境、亲子关系和父母的教育方式等都会对孩子的注意力造成影响。

场景一：晚饭时间，爸爸妈妈看电视，孩子抱着手机看视频或玩游戏。

场景二：孩子正专注学习时，爸爸妈妈跑过来问："要不要喝水、吃水果？"或发出声音吸引孩子。

场景三：孩子正在给妈妈讲学校的事情，妈妈嫌他说得慢，打断他帮他说。

其实，这些看似不经意的举动和家庭环境往往经常打断孩子的专注力，以至于孩子根本无法集中精力去做一件事情。因此，请父母不要做破坏者，让孩子从容地做完自己投入的"工作"。

那么，父母该如何在孩子学习时减少对其的干扰呢？

1.保证孩子的学习环境的安静，避免干扰

喧闹的家庭环境是分散孩子注意力的主要原因。年龄小的孩子注意力集中的时间本来就短，如果要在父母的唠叨声、电视声、音乐声中做功课，就算坐在了书桌前，他怎么可能专心地读书呢？

因此，在孩子学习时，一定要努力为他营造一个安静的学习环境。

2.给孩子营造的环境不要有太多的刺激

孩子的学习环境中不要有太多的刺激，不要色彩太跳跃，最好营造一种比较舒适、安静的感觉。此外，玩具也不要太多，会分散孩子的注意力。告诉孩子玩完一件放回去再拿一件，或者组合着玩，自己玩的东西自己收好。玩具种类也是有选择性，不要经常买新玩具，能有难度层次性最好。

3.父母要避免有意干扰孩子

很多时候孩子无法集中注意力，都是因为外界造成过多的干扰。因此，父母要想培养孩子的注意力，最好能够减少对孩子的干扰。特别是父母要从自身做起，减少在孩子注意力集中时对孩子的干扰。

6岁的丁丁在房间里专心地画画，妈妈一会儿开门进来拿一样东西，一会儿嘱咐丁丁说："你爸今天又喝了酒，睡下了，记住，你今晚不要去他房间打扰他了。"一会儿帮丁丁把新买的画笔递过去："这是我今天去超市买的，跑了好几家才买到你要的这种呢！"就这样，一幅画，丁丁画了一个小时。

孩子做事时,需要安静,需要不被打扰。父母的打扰,是对孩子专心做事的一种破坏。

正确做法是一切的事情,一切的话,等孩子做完了一件事再说。

4.与孩子达成协议,互不干扰

对此,父母要做到:尽量不要经常问孩子有关学习的问题,其实,学习的事让孩子自己处理,作为父母,不要把重心都放在孩子的学习上,该干什么就干什么,该看电视时照常看电视,该娱乐时照常娱乐,让孩子觉得父母并不是太看重自己的学习,才能放松学习。

孩子犹如一株花苗,在一个和谐的家庭中才能健康地成长,才能含苞待放。为了孩子,也为了全家的幸福,父母也应该随时保持好心情,从而为孩子创造一个良好的成长环境。

电子产品正在摧毁孩子的注意力

随着信息和网络技术的发展，电子产品在我国的大街小巷已经普及开来，以前是电视，现在是电脑、ipad和手机等。在现代都市中，无论是成人还是小孩，几乎是人手一部手机，很多人回到家就玩手机。久而久之，孩子对电子产品的兴趣更浓厚，哪还有心思学习和看书？

事实上，越来越多的孩子的精力和注意力正在被侵蚀和破坏，对学习失去兴趣，更别说有多少学习热情了。有一调查研究发现，在0~8岁孩子中，有40%以上的清醒时间是对着屏幕度过的，电子产品种类如今越来越多，如电脑、电视、手机、ipad，一个都不能少。而且，很多孩子是从小就开始跟着父母看电视了：为了哄孩子不哭，父母就开着电视让他们吃饭睡觉；2岁的孩子还不懂电视情节，就开始看各种广告；长大以后，他们开始玩电脑和手机，当孩子对电视、电脑的兴趣越来越浓，有些父母就利用电视来达到控制孩子的目的，如为了让小孩子吃饭时不要乱跑，故意开电视或手机给孩子看，吸引他们的注意力以方便喂饭。等孩子上小学，动画片、电视剧、娱乐节目都成了生活中的一部分。

美国儿科学会认为，儿童在两岁以前不宜接触任何电子产品，儿童的大脑在最初的几年的发育是最快的，而这段时间，唯有和人接触，而不是和屏幕接触，才能更好地学习。大一些的孩子和青少年每天花在娱乐媒体上的时间最好保持在1~2小时，即使如此，涉及的相关内容也应该是经过筛选的、优质的，应该有更多自由时间在户外玩耍、阅读、发展业余爱好，以此培养想象能力。

为什么看电视对孩子的成长有不良影响？

研究者认为，很多电视节目、电脑和手机视频的画面变化很快，会给孩子的注意力造成比较重的负担，长期下去，会使得孩子的注意力和提取信息的能力不堪重负而受损。广告太多时，孩子的注意力在故事情节和广告之间切换时也会承载过多，因而也会伤害孩子的专注力。

正如教育专家所说："我们整天把这些电子产品扔给孩子，是在分散他们的注意力，而不是教他们如何自我安抚，如何让自己平静下来。"

更加值得引起重视的是，只要开了电视，都会对孩子造成一定的影响，一些大人以为虽然开了电视，可孩子根本没在看，即使如此，也会营造一个喧闹、混乱的家庭氛围，对孩子也是有害的。此外，看太多电视还会对孩子的视力、阅读能力、学习成绩、注意力、记忆力和社会交往能力等造成不良影响。

从电视到电脑、智能手机，数字时代已经渗透到每个人的生活之中。在孩子的成长过程中，耗在各种"屏幕"前已经成为了无法逃避的一部分。如果处理不当，这些数码产品对孩子可能产生大脑发育、心理健康及身体健康的三重伤害。父母和老师需要帮助孩子管理看电视、玩手机的时间，监督、筛选适合孩子的内容。

当然，电视已经成为家庭中不可或缺的一个工具，是了解信息和放松精神的渠道。要完全禁止孩子看电视几乎是不可能完成的任务，父母可以做到两点以减少电视对孩子的不良影响。

1.在幼儿阶段，父母应该尽量避免或减少孩子接触电视、电脑和手机等电子产品

孩子越小，对真实环境的体验就越重要，父母应该多陪伴孩子到户外活动，让孩子感受大自然的真实色彩和声音，而不是让其沉迷于电子产品。陪伴孩子需要占据父母的时间，这就需要父母处理好工作、娱乐与教育孩子的关系。父母应该要明白，在孩子儿时多付出一些，孩子长大之后就会让自己少操心。反之，在孩子小时疏于照顾，孩子长大之后的教育问题，就会让父母倍加辛苦，也很难取得教育效果。

2.父母应该严格限制孩子接触电子产品的时间

小学生每天接触电子产品的时间不宜超过一个小时，周末每天玩电脑的时间不要超过一个半小时。如果父母在孩子小时候就立下严格的规定，培养其自制力，随着年龄的增长，他们就会逐渐养成自我管理的好习惯，对孩子未来的自主学习也非常有帮助。

电子产品是这个时代的产物，没有人能回避，但对孩子来说，父母的榜样的力量非常大，现在很多父母不是手机不离身，就是一回家就坐在电脑前面，与孩子的交流大大减少。对孩子来说，他们最初的交流对象就是父母，如果父母是这样，孩子也会照着学。父母在做好榜样的同时，也要加强和孩子的交流，要让孩子明白，生活中不只有手机和电脑，还有亲人之间的接触和交流。

当然，如果孩子已经对电视、电脑、ipad等形成依赖心理，父母应寻求专业心理医生的帮助实现尽早干预，不应放任问题愈演愈烈！

手机是自律的敌人

手机就像一个魔咒，如果彻底没收了孩子的手机，孩子在生活中就会有很多不便，尤其是现在很多老师都会把作业布置在手机上。如果让孩子彻底隔离手机，孩子就无法及时看到作业，而父母又忙于工作，不能第一时间通知孩子，使得孩子做作业的时间一再延误。如果完全信任孩子，把手机交给孩子，父母无疑是高估了孩子的自律力和自控力，面对手机上各种各样的诱惑，孩子总是难以管理好自己，常常会因为这些诱惑而做出出格的举动，这会给孩子和父母带来很多麻烦。有些家庭鸡飞狗跳，就是因为孩子染上了手机瘾，父母为帮助孩子戒掉手机瘾，又与其产生了分歧和争执，所以家里就变得一地鸡毛了。

那么，到底如何做才能从根源上减少手机带来的麻烦呢？最重要的是远离手机。远离手机并不是要隔绝手机，而是适度使用手机，坚持非必要不使用手机，这应该成为现代人的一条生存原则。如今，近视的人越来越多，视力下降或是患上黄斑病的人也越来越多，还有的人因此患上了颈椎病，这些都与沉迷于手机密切相关。

很多父母都发现，即使是几个月的宝宝也喜欢拿着手机玩，到了一两岁时，对手机会更加依赖。当孩子哭闹时，父母只要把手机拿给他们，他们就会马上摆弄起手机来，不哭也不闹。有些孩子才一两岁，就已经学会了用手机打电话、发微信、拍照片、录视频。对孩子而言，这并非是能力的证明，因为早一些学会使用手机和晚一些学会使用手机并没有太大的区别。使用手机只是一项非常普通的技能，即使孩子在20岁之前都不会使用手机，在20岁生日之后的一天里的一个小时，就能够熟练掌握如何使用手机。因此，父母完全没有必要急于让孩子学会使用手机，以此证明孩子是个天才，也不要因为自己很忙就把孩子交给"手机保姆"。

有些父母在自己忙于工作或是忙着做一些事情时，因为孩子哭闹不休，就会不负责任地把手机丢给孩子，殊不知，一次又一次这么做，孩子对手机的依赖会越来越强，一旦离开手机，就会觉得心神不宁；不管做什么事情，都想拿着手机玩。对父母而言，与其给孩子手机玩，不如带孩子到楼下，在户外跑一跑，玩一玩，这远比让孩子过多地接触手机更好。尤其是在陪伴孩子时，父母切勿总是当着孩子的面低头看手机，这样的不良行为会给孩子造成严重的负面影响，使孩子在不知不觉间模仿父母的行为，也对手机产生很强的依赖性。

如果孩子在小时候就已经习惯了使用手机，等到孩子渐渐长大，父母再想控制孩子就会非常困难。这是因为孩子对手机的依赖性越来越强，在这个时候，父母突然从孩子手中夺走手机，孩子当然会哭闹不休，不依不饶。有一些父母认为孩子小时候可以不用手机，长大了必须使用手机，这也是误解。孩子在没有成人之前不一定要用智能手机。父母给孩子配备手机的最大目的，无非是希望能够随时与孩子保持联系，及时了解孩子的情况，所以可以给孩子配备一个简单的学生机或老人机。如果孩子使用的是智能手机，当发现孩子在手机上下载各种应用软件时，父母一旦觉察就要及时加以规定，如果孩子违反规定，就要没收手机，让孩子知道这件事情的严重后果。

在为孩子制订规则后，父母还需要注意的是，不要因为孩子的行为没有造成严重的后果，就不惩罚孩子。如果规矩只是形同虚设，孩子就会无视规矩，行为也会越来越放肆。因此，在发现孩子违反规矩时，父母要坚决地给孩子相应的惩罚，这样才能在孩子面前树立威信。

有些孩子不仅使用智能手机，还会和同学攀比，向父母索要更高档的手机。对父母而言，这是一个很沉重的经济负担；对孩子的成长而言，这也是绝无好处的。很多父母在给孩子奖励时，会奖励孩子昂贵的智能手机，而且认为这样的手机功能强大，用起来更方便。其实孩子根本没有那么多机会使用手机，只要能够与父母保持联络就可以了。对每日学校与家两点一线的孩子来说，在学校里有事情时还可以借用老师的手机给家长打电话，所以孩子在上学期间最好不要随身携带手机，即使是在周六日，孩子单独去同学家玩或单独外出时需要联络，也可以只使用普通的手机。

对低龄的孩子，父母一定要从源头上管住其使用手机的势头，切勿给孩子配备智能手机。有些父母的确需要随时知道孩子的地理位置和活动状态，可以给孩子买电话手表。对更小一些的孩子来说，电话手表是更为适宜的，这是因为电话手表的功能非常简单，不能下载很多应用程序，而只能打电话、接电话，这样孩子的注意力就不会被电话手表吸引了。

总而言之，只有从根源上解决问题，才能减少手机带的麻烦。如果父母在根源上没有控制好孩子使用手机的情况，孩子就会处于失控的状态，即使对孩子怨声载道也无法改变现状。

警惕网络偷走孩子的精力

暑假到了，爸爸妈妈忙于上班，没法照顾天天，所以决定把天天送到姥姥姥爷家，让姥姥姥爷负责照顾天天的饮食起居，监督天天每天只能使用电脑玩半个小时的游戏。为此，爸爸妈妈还特意在姥姥姥爷家开设了家庭网络，让天天可以和在家里一样保持规律的作息。

天天向爸妈保证得很好，说自己一定会严格遵守时间限制。有一天，妈妈突然回到家里，发现天天已经用了好几个小时的电脑。看到天天的两只眼睛通红通红的，脸色晦暗，妈妈生气地指责姥姥姥爷："把孩子交给你们，你们发现孩子玩游戏过度，怎么不告诉我呢？"姥姥担心地说："我不是怕你批评孩子么！"妈妈啼笑皆非："您这是爱孩子，还是害孩子呢？天天这样无限度地玩游戏，不仅会把眼睛看坏，还会沾染游戏瘾。孩子还这么小，如果眼睛坏了，可怎么办呀？"姥姥姥爷一时无语，妈妈也不好继续指责，但又不能把天天接走，因为她和爸爸都没有时间照顾天天，这可怎么办呢？

妈妈灵机一动，给电信部门打了电话，得知电信的网络系统针对孩子自己在家的情况推出了家庭网络的儿童模式，意思就是说，会在固定的时间里开通网络，又在固定的时间里关闭网络，从而限制了孩子使用网络的时间。听说电信有这个服务，妈妈兴奋极了，当即就开通了这项服务。果不其然，才开通没多久，天天就打电话过来询问："妈妈，网怎么断了啊？"妈妈说："从现在开始，我们家的网只有下午两点到三点钟可以用。在这个时间段，你可以玩游戏，平日里可以玩半个小时，暑假里可以每天玩一个小时。其他的时间段是没有网可用的，如果你需要用网络查阅资料，就要在玩游戏之前完成。"

如今，很多网络运营商都推出了人性化的服务，针对大人上班，孩子独自在家的情况，会有"网络保姆"，帮助孩子控制上网的时间，这样父母就无须担心孩子过度使用网络了。

网络是个好东西。借助于网络，我们足不出户就能了解世界新闻，有需要时也可以通过百度查阅相关信息。在很多论坛上，我们还能向从未见面的陌生人咨询一些事情，得到真诚的建议。可网络一旦用不好，就会产生负面作用，例如，有人因为和网友见面而被伤害，有人因为在网络上轻信他人而被欺骗。除了使用电脑之外，还有很多人沉迷于智能手机。走路时，盯着手机看，或出了车祸，或掉入河里。总而言之，过度沉迷于网络不仅会危害人的身心健康，还会危害人的生命安全呢！

如果家庭中的每个人都过度使用网络，整个家庭氛围就会变得非常冷漠。这是因为每个人都沉迷于虚拟的电子世界，不愿意和身边活生生的家人、亲人、朋友相处。在没有网络的时代，家人之间经常会开展一些娱乐活动，或者一起看书，或者一起下象棋，或者一起做手工，或者一起做饭。在开展这些活动的过程中，还可以相互聊聊天，增进感情，加深了解。有了网络之后，人们却沉迷于网络，看自己感兴趣的内容，彼此之间的沟通会非常少，这使得人与人之间的关系越来越疏远，人际感情越来越冷漠。如果能够

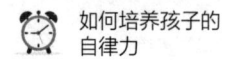

戒除网瘾，不但有利于孩子身心健康成长，而且可以修复父母与孩子之间的关系，让彼此更加亲近。网络是一把双刃剑，既给人带来很多便利，也给人带来很多伤害，从现在开始，我们就要警惕网络对生活的入侵，要让生活恢复原本的温度。

第 4 章

生活习惯好,
快乐健康少不了

帮助孩子养成早睡早起的习惯

妈妈是一个贪睡大王，在怀孕期间，每天都睡到日上三竿才起床，睡醒了之后吃完午饭，下午又会接着睡午觉。就这样吃吃睡睡，陌陌出生时居然重达九斤多。看到妈妈生下了这样一个又白又胖的大胖小子，奶奶非常开心，伺候妈妈坐月子时尽心尽力，所以妈妈在陌陌一岁前后，始终都在吃吃睡睡，过着懒散而快乐的生活。

到了陌陌一岁时，奶奶回老家了，妈妈留在家里负责带陌陌。然而，因为妈妈每天都昼夜颠倒，早晨要睡到中午才起床，下午还要午睡，所以晚上往往睡不着，要到十一二点才睡觉。日久天长，陌陌也养成了昼夜颠倒的坏习惯。每天，妈妈带着陌陌起床吃早午饭时，其他小朋友已经和妈妈出去遛弯、晒太阳，回到家里加餐了。陌陌长得越来越瘦弱，远远没有同龄的孩子强壮。

后来，陌陌到了上幼儿园的年纪。幼儿园里规定八点钟到校，而陌陌常常因为早晨起不来而总是迟到。妈妈一开始对此不以为然，觉得只要在家里给陌陌吃饱饭，就算晚一些去，赶不上幼儿园里的加餐也没关系。没过多久，老师就对妈妈提出意见："陌陌妈妈，能不能让陌陌按时到校呢？虽然这是幼儿园，但也要给孩子立规矩，帮助孩子形成纪律性，您这样总是迟迟送孩子到幼儿园来，在其他小朋友都已经活动完开始吃加餐了，看到陌陌来就会分散注意力。另外，我要跟您反馈，因为陌陌没有进行上午的活动，所以中午吃饭时胃口往往不好，吃得很少。"

听了老师的话，妈妈感到非常羞愧，当即对老师承认错误，说："这都怪我，不怪孩子，是我习惯了睡懒觉。接下来我一定努力改正，争取每天都让孩子按时到校。"得到了妈妈的许诺，老师点点头说："那我拭目以待哦！"

接连几天，妈妈送陌陌上学的确比之前早了一些，但还是会迟到。妈妈后来痛下决心，决定要改变自己的作息习惯，每天早晨六点半起床，不仅可以保证不迟到，还能给陌陌和爸爸准备丰盛的早饭呢。当然，这对妈妈而言非常困难，要知道她以前可要睡到中午12点呢！这就相当于把妈妈整个睡眠的时间打了个对折，所以刚刚开始这么做时，妈妈非常困倦。她一边打哈欠一边做早饭，到了七点钟就喊陌陌起床。让妈妈感到惊讶的是，陌陌的适应能力比她强得多，早晨起床之后精神非常好，还吃得很饱才去学校呢。他和小朋友们一起晨间活动，也特别开心。妈妈后来询问老师，得知陌陌中午也吃了很多饭，而且吃完之后还活动了一会儿，睡午觉睡得特别香甜，妈妈不由得感到欣慰，想到自己为此牺牲睡懒觉的时间也是值得的，毕竟孩子的健康成长最重要！

俗话说，一年之计在于春，一日之计在于晨。对每个人来说，早晨的状态将影响一整天的状态。如果孩子不能够早早起床，而是睡到日上三竿才迷迷糊糊地起床，那么一整天都会精神倦怠。为了让孩子有清醒的一天，为了让孩子感到满心幸福且快乐，父母应该帮助孩子养成早睡早起的好习惯，让孩子亲身感受到早起的魔力，他们会更愿意迎着朝阳，和朝阳一起起床。

在培养孩子早起的好习惯的过程中，父母一定要做好表率。如果父母总是起床很晚，就无法喊孩子起床，即使喊孩子起床，孩子看到父母赖在床上不愿意起来，也是不愿意配合父母早起的，这就使得早起的计划泡汤了。在这个意义上，父母一定要先调整好自身的作息习惯，才能帮助孩子养成良好的作息习惯。

在家庭生活中，当整个家庭都和朝阳一起起床，全家人都会活力满满，神采奕奕。

如何培养孩子的
自律力

让孩子养成勤俭节约的习惯

"节俭是中国传统美德",这句话每位父母都不陌生,对成长中的孩子来说,节俭也是一种自律的表现。节俭指的是花钱有所节制、能控制自己在物质上的欲望。但时至今日,由于科技与文明的演进,人们似乎早已忘了许多美德,父母的有求必应已经让很多孩子养成了花钱无节制的习惯。

情景一:午餐时间过后,教室门前有两个垃圾桶,值日生每天都会把它收拾得干干净净,排得整整齐齐。然而一过中午,就会是一片狼藉,满地都是食物的包装袋、铝罐、矿泉水瓶,还有一些吃剩的零食碎屑,甚至有中午没吃完的饭菜,脏乱成一片,看了就让人恶心。调查之后发现:有的学生一个月的零用钱居然超过老师半个月的薪水,这一点尤其在男生中普遍存在,原因是很多父母认为自己的孩子正处于长身体的阶段,给足钱让孩子吃好,才能有精力学习。

情景二:体育课结束之后,小乐忘记拿回打球时脱下的衣服,体育老师提醒他,他居然这么说:"丢了也没关系,再说也没人要,才几百块的东西。"这样的举动令老师非常错愕。班主任知道这件事后做了一次调查,班上一半以上的学生穿名牌，难怪小乐会这样回答。

事实上，造成这些现象的主要原因是父母过于宠爱孩子，孩子爱怎样就怎样，父母百依百顺。很多父母觉得自己小时候什么都没有，现在生活条件好了，干吗还让孩子受苦？

因此，孩子浪费的习惯是父母约束不力造成的。父母的溺爱，让孩子丧失了自我控制的能力，占有欲望无限膨胀，只要自己喜欢，不假思索就向父母要钱去买。一旦对某样贵重物品丧失兴趣，就会毫不犹豫地丢弃。这种现象，正普遍存在于周围的孩子当中。

享受第一，奢侈浪费，只知享乐的生活方式，会让孩子养成贪婪、攀比、从众、追求时髦、喜新厌旧等坏习惯。将来无论做什么工作，孩子都要走上独自生活的道路，要想生活得好，勤劳节俭就必不可少。

可见，为孩子制定规矩，让孩子勤俭节约已经刻不容缓，从小养成的习惯会伴随人的一生，在孩子成长初期培养其勤俭节约的品质，会使其受益终身，成为蕴藏在其内心深处的取之不尽的财富。

为了让孩子养成勤俭节约的好习惯，父母可以试用以六种方法。

1.让孩子清楚了解金钱得来不易

父母应该在假日帮孩子寻找参加劳动服务的机会。例如，让孩子假日在家帮忙做家事，付给他一些酬劳，目的在于让孩子明白金钱来之不易，它是经过艰辛的汗水换来的，从而培养孩子养成自力更生、勤劳的好习惯；进一步激发孩子刻苦学习、积极进取和有责任感，懂得人立足社会、学会生存的艰辛，从小立下奋斗的志向和决心。

2.要经常教育孩子建立"勤俭节约很光荣，铺张浪费真可耻"的价值观在家里不能娇惯孩子，不能盲目答应孩子的要求，合理的给予满足，不合理的一定不能迁就。不该浪费的，小到一张纸、一滴水也不能浪费。要跟孩子讲道理，不要孩子一闹，大人就妥协，可以多跟孩子讲些勤俭节约的故事以表示激励。

3.引导孩子有计划、明智地消费

俗话说："不当家，不知道柴米贵。"父母要多让孩子深入生活、了解生活、体验生活，从而明白如何更珍惜生活，珍惜付出后得来的成果，这一点对其成长必定会有深远的影响。

4.让孩子体验"苦日子"

人们也常说："有钱难买幼时贫。"在吃的穿的方面要节俭，并不是让孩子去过真正的苦日子，而是过大众化的生活，和平常人一样。

节俭习惯的养成，是一个日积月累、循序渐进的过程。父母要把孩子培养成有志向、有出息的人，勤俭节约、艰苦朴素的教育是不可或缺的，这也是让孩子学会自律的一个重要部分，这将成为他永久的财富！

5.从做一些自己力所能及的事情开始

父母可以定下规矩：吃饭时不剩饭，饭菜不随意扔掉；用水时，水龙头不要开得太大，用完后要关紧水龙头；不丢弃没写完的作业本和纸张，可以留作草稿纸或他用，养成双面用纸的好习惯；生活中注意节电，光线充足时不开灯，充分利用自然光，随手关灯，人走灯灭。当然，父母也要以身作则，让孩子在潜移默化中养成勤俭的习惯。

6.父母以身作则，养成勤俭节约的习惯

家庭教育是教育的重要方面，父母是孩子的一面镜子，也是孩子的第一任老师，因此，父母要以身作则。在生活中，很多孩子在吃、穿、行上攀比成风；在日常生活中随意浪费粮食；平常在外面吃饭时大手大脚，剩的要比吃的多；为了摆阔气，乱点很多菜，吃不完也不打包带走，究其原因，还是父母对孩子的影响不够。如果父母在生活中就不懂得勤俭节约，让孩子自己学习勤俭节约也是不可能的。

父母除了让孩子节约外，还要让孩子形成勤俭的习惯，古人云：勤能补拙，俭以养廉。只要勤劳，即使是天赋差一些，也会把工作、学习搞好，会在事业上做出成绩。只要能够节俭，不贪图物质享受，追求奢华生活，保持廉洁的美德，在事业上就会不断追求进取，有所成就。因此，父母要身体力行，培养孩子养成勤俭节约的生活习惯，这种习惯会让孩子受益终生！

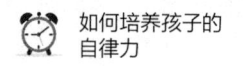

引导孩子养成运动的习惯

生命在于运动，美国运动医学院的研究表明，正确的运动可帮助持久保持健康活力和苗条体态的程度高达70%。在现实生活中，不少父母认为孩子只要认真学习就可以而忽视了对孩子身体素质的历练，这导致了不少孩子抵抗力差、免疫力不足等。而实际上，体育锻炼对改善神经系统的调节机能，对学习能力的提高，以及工作效率的提高，都起着积极作用。例如，学生学习累了，到户外活动一会儿再回来学习，学习效率肯定会提高。这也是学校安排课间十分钟的原因。

体育锻炼对身体的良好作用，也是通过神经系统的影响而实现的。经常体育锻炼的人，大脑皮质神经细胞的兴奋性、灵活性和耐久力都会提高，灵活性提高了，反应也就更快了，从人体活动上看，表现出机灵、敏捷，它自然反映着大脑本体的敏锐、灵活，使学习和工作都处于最佳状态，且能坚持较长时间。经常体育锻炼的人，在自然环境中接受寒冷和炎热的刺激，从而提高对环境变化的适应能力和对疾病的抵抗能力。

因此，作为父母，只要有条件，都要引导孩子积极参加体育锻炼，久而久之，当孩子养成了运动的习惯后，就会形成一种自律性，不仅能消除疲劳，还能减少或避免各种疾病。

1.多和孩子一起运动

要想孩子通过运动增强身体素质和提高智力水平，父母不仅要有运动的意识，还要切实做到言传身教，因为身教更能使孩子积极地参与。因此，和孩子一起运动，引导孩子运动，是父母培养孩子拥有好习惯的必要前提。

2.不断学习，了解各种运动的好处

在平时的生活中，可以给孩子多介绍一些运动的好处，培养孩子热爱运动的兴趣。

体育运动项目丰富多彩，各种活动对孩子的影响也不尽相同，作为父母，首先要了解各种运动的意义，针对不同情况加以引导，例如，可以告诉孩子足球这项运动讲究的是团体合作，如果孩子缺乏这种意识，可以引导孩子尽量朝这方面发展，这样不仅锻炼了身体，也完善了孩子的性情。通过细致地了解各种运动的益处，有选择、有目的地引导孩子朝这方面发展，会收到意想不到的好效果。

3.帮助孩子选择合适的运动方式

运动分成有氧运动和无氧运动两种，无氧运动一般都是短时间、高强度的，容易造成损伤。有氧运动不但有锻炼身体的效果，而且还能调节情绪。

常见的有氧运动项目有步行、快走、慢跑、滑冰、游泳、骑自行车、打太极拳、跳健身舞、跳绳、做韵律操，等等。有氧运动特点是强度低、有节奏、不中断和持续时间长。同举重、赛跑、跳高、跳远、投掷等具有爆发性的非有氧运动相比较，有氧运动是一种恒常运动，是持续5分钟以上还有余力的运动。当然，无论做什么运动，都要坚持，不能三分钟热度。长时间坚持，你会发现，自己不仅拥有了一个健康的体魄，还能释放心理压力，重新获得学习的能量。

4.充分利用社区的体育器械

一般来说，每个小区都配备了一套基本的锻炼身体的体育器材，父母每天上班前或下班后锻炼锻炼，孩子可能因为这种"跟风"意识，不由自主地就和父母一起锻炼了。不仅如此，小区的孩子一般都愿意在这里玩耍，可以一边玩一边运动，既锻炼了身体，又沟通了同伴之间的感情，何乐而不为呢？

5.周末多安排运动

双休日时，父母不要把大把的时间放在睡懒觉、逛街、看电视上，应该有计划地和孩子爬山、郊游，让孩子选择喜欢的地点一起去游玩，这样不仅可以调动孩子游玩的积极性，还锻炼了身体。在亲近大自然的过程中，孩子的性情会得到很好的陶冶、熏陶。爬山需要付出体力，既增强体质，又磨炼意志，这对孩子良好素质的浸染作用不可低估。

6.送孩子去喜欢的体育项目培训班

通过电视、网络等媒介，孩子可能对某些体育项目非常感兴趣，比如受武打片的影响可能喜欢武术、跆拳道；受体育比赛的影响，喜欢游泳、射击等活动；女孩儿可能喜欢婀娜多姿的芭蕾舞，喜欢优雅的瑜伽等。这时，父母应该积极鼓励孩子发展这些爱好，有条件的话给孩子报名培训班，让孩子在兴趣中达到强身增智的效果。

当然，提倡孩子养成运动的习惯，但运动不能超越身体极限，在孩子剧烈运动之前，要了解孩子的体能，以便孩子在做运动时把握住度，以免超越身体的极限，发生危险。

培养孩子不挑食、不贪吃的习惯

安安和静静是一对双胞胎。安安是姐姐,静静是妹妹。虽然是双胞胎,却和普通的双胞胎不一样。大多数双胞胎都长得特别像,简直让人分不出来,安安和静静却截然不同,不但脾气秉性不同,长相不同,就连身体的强弱也不同。安安是姐姐,长得又高又大,非常强壮,吃起饭来狼吞虎咽,胃口特别好,吃嘛嘛香,因而发育得也很快。静静生下来时就很弱小,吃饭的时候总是胃口不佳,还特别挑食,这使得静静发育不良,身高和体重都滞后于同龄人。每次带着这对双胞胎去体检,医生都会和妈妈开玩笑说:"你这个妈妈肯定偏心,要不双胞胎怎么会发育悬殊这么大呢?"妈妈对此其实很苦恼,她真心希望这一对双胞胎姐妹花都能健康快乐地成长。

静静之所以长得瘦弱,是因为她特别挑食。安安胃口很好,吃什么东西都香喷喷的,静静喜欢吃的东西则少之又少,她不喜欢吃肉,只喜欢吃蔬菜,可在蔬菜里,她又不喜欢吃绿叶蔬菜,只喜欢吃白菜和土豆。这样一来,静静能够摄取的营养就非常有限了。在3岁之前,静静还能通过喝奶粉吸取一点营养,是自从3岁上了幼儿园,断掉了奶粉,因为吃得少又严重挑食,所以变得越来越瘦弱。

在入园体检时,医生非常严肃地告诉妈妈:"这个孩子严重营养不良。

你必须要想办法让她吃得更好，吃得更全面。即使家里经济有困难，也一定要努力克服，毕竟孩子正在长身体的时候，错过了这个阶段，孩子的身体可就补不上来了。"听了医生的话，妈妈赶紧解释道："医生，不是家里经济有困难，而是这个孩子太挑食。您看看，这个也是我的女儿，和她是双胞胎。她叫安安，长得又强壮又高大，我也不知道她们俩为何悬殊这么大。"医生看了看安安，又看了看静静，难以置信地问："她们真的是双胞胎吗？"妈妈毫不迟疑地点点头，医生说："既然如此，你就要想办法帮助孩子改变挑食的习惯，这样孩子才能得到均衡的营养。"

妈妈采纳了医生的建议，决定把饭菜做得色香味俱全，尤其是在给静静做饭时，尽量摆出好看的造型，吸引静静多吃一点。在妈妈耐心的引导下，静静还是吃得很少，而安安却比之前吃得更多了。妈妈不由得烦恼地说："哎呀，你已经长得很强壮啦，不用再使劲吃了。正常吃饱，不饿就行，反而是妹妹需要吃得更多呢。你帮助妈妈，逗着妹妹多吃一点，好不好？"

孩子如果挑食，就会长得很瘦弱，就像一棵豆芽菜，这是因为孩子处于快速生长的过程中需要全面的营养。如果连碰都不碰一些食物，就无法摄入均衡的营养。在快速生长发育的阶段，营养跟不上，身体必然会很瘦弱。也有一些孩子恰恰相反，是特别贪吃，不管看到什么好吃的都想吃个够。在这种的情况下，他们的身体无法消耗过剩的营养，就会囤积脂肪，患上肥胖的疾病。

父母当然希望孩子长得苗条匀称、健康快乐，所以就要在饮食方面注重培养孩子的好习惯。例如，要让孩子摄入全面均衡的营养，负责做饭的父母要做到三点：首先，在做饭时，父母要尽量做到营养均衡。有些父母本身是有饮食偏好的，尤其是负责做饭的爸爸或妈妈，如果只是根据自身的饮食偏好给孩子提供食物或是调配家里的饮食，孩子就会渐渐地形成挑食的习惯。其次，为了增强孩子的食欲，父母可以尽量让食物变得色香味俱全。如果孩子特别排斥某一种食物，可以把这种食物变换成一种可爱的造型，或者用其他的烹饪方式。注意，不要强求孩子吃这些食物，当看到食物色香味俱全且造型特别时，孩子说不定会主动尝试着吃这种食物呢！

对孩子挑食偏食或贪吃的情况，父母不要过于强调，有时候太过强调这种情况，反而会起到相反的效果。如果孩子挑食，父母不要让这种食物从自家的餐桌上消失，也不要过于强迫孩子必须食用这种食物，而是要怀着坦然的心态，把食物摆放在孩子面前，让孩子自主选用，说不定在经过几次尝试之后，孩子就能够接受这种食物的味道了。

最后，父母还要告诉孩子身体成长的原理，这样孩子才会知道食物能够为身体提供营养，让身体长得又高又壮。每个孩子都希望自己长得高高的，父母也可以以此激励孩子增强胃口。另外，在为孩子准备食物时，可以给孩子吃一些健胃消食的食物，有助于帮助孩子增强食欲。如果孩子因为运动量太小导致消化不良，父母还可以经常带着孩子多户外运动，去晒太阳，去郊游，或去野餐等，这些方式都能够使孩子消耗体能，也让孩子食欲大开。

如何培养孩子的自律力

养成不喝饮料的习惯

安安之所以长得胖，因为她有一个不好的习惯，那就是不喜欢喝水。安安最喜欢喝各种调味奶，而不喜欢喝纯牛奶，还喜欢喝各种果汁饮料，尤其喜欢喝可乐、雪碧等碳酸饮料。虽然妈妈知道这样不好，可当安安不愿意喝水或纯牛奶时，妈妈就会妥协。她想：能多喝一些果汁总比什么也不喝来得好吧！她担心安安缺水，所以就允许安安喝各种各样的甜味饮料。

在一次例行体检中，安安被检测出血糖濒临正常值的最高值，妈妈不由得紧张起来："这么小的孩子也会得糖尿病吗？"妈妈赶紧向医生咨询，得知妈妈给安安养成的饮水习惯，医生狠狠地批评了妈妈："水是生命之源，这里说的水指的是清水，而不是各种各样含有添加剂的饮料或调味奶。即使给孩子喝奶，也最好给孩子喝纯牛奶，你这样娇惯孩子，最终会害了孩子。如今有很多小孩都得了糖尿病，就是因为饮食习惯不好，总是喝碳酸饮料，我建议你最好马上改掉孩子的坏习惯。"

医生的话让妈妈特别紧张。为了让安安能够喝水，妈妈下狠心决定不再妥协。周末早晨，妈妈和爸爸一起带着安安去公园里跑步。这次妈妈没有像以往一样为安安准备饮料，而是带了一大壶温开水。跑步结束之后，一家人在公园里散步时感到非常口渴，安安嚷着要喝饮料，这个时候，妈妈倒了一杯温开水递给安安，说："安安，口渴时，水是最解渴的。医生已经说了你不能再喝那些甜味饮料了，否则你就变成一个小糖尿病患者了，一旦变成糖尿病患者，你就不能再吃那些美味的食物了。你愿意喝水，还是想戒掉所有好吃的食物呢？"听了妈妈的话，安安情不自禁地皱起眉头，似乎马上就要哭起来了。

这个时候，爸爸对安安说："就算是没生病健康的人，也要多喝水，这是因为水能够帮助洗涤身体。举个例子来说吧，你喝了糖水，你的血液里因为含有过多的糖分，会变得更浓稠，不仅会引起高血糖，还会给身体带来其他的疾病。如果你的血液有些浓稠，只要你坚持喝清水，你的血液就会被稀释，而且各项指标也会随之降低。最重要的是，爸爸强烈建议你要感受感受，在特别口渴的时候喝饮料其实是不解渴的，因为饮料里有糖分，会使人感觉更口渴。只有多喝水，才能解渴，所以爸爸希望你能够坚持多喝水，我相信你一定会爱上喝水的清爽感觉。"

安安对爸爸说的话半信半疑，不过她真的很口渴。看着妈妈端着的那杯温开水，安安只好尝试着喝了两口。果然，她感到口腔里非常清爽，和喝完饮料后口腔里甜兮兮、黏腻腻的感觉完全不同。感受着口腔里的清爽，也没有异味，安安不再那么排斥喝水了。又喝了两口水之后，看到安安的表情，爸爸忍不住带着询问的意味看着安安，安安笑起来说："爸爸，你说的是对的，喝水很解渴。以前喝半瓶饮料我也不觉得解渴，现在才喝了几口水，我就觉得不那么渴了。"说着，安安把剩下的水也喝了。

孩子的习惯并不那么容易改变，在特别口渴的情况下，安安虽然能够接受水了，可在日常生活中，她还是很想喝甜味的饮料。爸爸妈妈只好给安安制订了严格的规矩，如每周可以喝一次饮料，可平时只能喝水，如果违反了规矩，在一个月内都不许喝饮料。为了能够享受每周一次的饮料狂欢，安安只好严格管好自己。

孩子的很多饮食习惯其实都是父母造成的，当孩子最初表现出不爱喝水时，父母能够坚持原则让孩子喝水，或能够未雨绸缪，不要让年纪过小的孩子接触甜味饮料，孩子就会一直认为自己应该喝水，就不会养成喜欢喝饮料的坏习惯了。

饮料中含有各种添加剂，尤其是糖的含量特别高，如果孩子长期把饮料当成水喝，他们的身体就会出现严重的状况。不管是为了孩子的身体健康，还是为了培养孩子的好习惯，父母都要让水成为家里的首选饮用水，而不要让家里充斥着各种各样的甜味饮料。毕竟孩子的自控力是有限的，如果家里到处都能看到甜味饮料或各种果汁，孩子又怎么会愿意喝水呢？

在家庭生活中，父母还应该给孩子做好榜样，坚持喝水。例如，每天早晨一杯温开水，让人的胃舒展开来，让身体得到滋养；每天晚上临睡前也可以喝少量的温水，有助于睡眠。需要注意的是，晚上睡觉前不要让孩子喝太多水，否则就会在睡眠中产生小便，被尿憋醒的感觉是非常难受的。

有些父母带孩子外出时会给孩子带瓶装饮料，认为这样方便，这也是错误的做法。虽然带饮料会更方便，但会使孩子养成错误的饮食习惯，与其带饮料，不如买一个大的保温壶，给孩子带一些温水，孩子喝了温水，身体会感觉更舒适。

每一个好习惯的养成都要经过长期的坚持，不是朝夕之间就能够形成的，明智的父母知道，唯有给予孩子更好的引导和帮助，也给孩子树立真正的榜样，孩子才能够向父母学习，养成好习惯。

自我调节，每天保持好心情

在学校的初三年级，有个特殊的男孩，他先天性左眼失明，视力远不如正常同学，可他每天都很开心。

有同学问他："你为什么这么高兴？"

他说："那有什么不高兴的呢？"

"你的左眼看不见啊？"

"可是我右眼看得见啊。"

他总是这么积极乐观，同学们都喜欢跟他做朋友。

男孩确实是个值得敬佩的人，我们都应该学习他的乐观心态。

在生活中，随着成长，每个孩子都会逐渐感受到许多心理冲突和压力，处于各种心理矛盾的包围中，这使得很多孩子心情不好。心情不好，生活和学习都会受到影响。甚至，如果这种不快的心情长期得不到解决，就可能在情绪情感、性格特征及日常行为等方面出现种种问题，甚至出现较严重的心理及行为偏差，乃至精神疾病。因此，这是一个充满危机和挑战的时期。要记住，心情好，一切都好；心情不好时，又该怎么办呢？

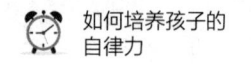

1.自信是好心情的基础，是快乐的源泉

任何人拥有自信，就拥有了快乐与开心的资本。俗话说的好：尺有所短，寸有所长。每个人有所长，也有所短，每个人都有自己的优点和别人不能企及的地方。因此，处于青春期的孩子，不要总是盯着自己的缺点、短处和缺憾，而要学会欣赏自己，多看自己的优点和长处。总之，要想办法让自己自信，自信就能快乐，快乐就能发掘潜能，就能高效。

2.懂得正确地宣泄自己的不良情绪，以减轻心理压力

你可以试着找真诚的朋友听自己诉说心里的苦闷，多听听他人的意见，多从积极而乐观的角度去想事情，微笑地看待生命中的每件事。同时，你也可以找到其他适合自己的放松和发泄方式，如逛街、欣赏音乐、跳舞、跑步、看书等。

思维心理学专家史力民博士指出："乐观是成功的一大要诀。"他说，失败者通常有一个悲观的"解释事物的方式"，即遇到挫折时，总会在心里对自己说："生命就这么无奈，努力也是徒然。"由于常常运用这种悲观的方式解释事物，无意中就丧失了斗志，不思进取了，也就错过了人生中最美好的"群星"。

3.扩大交往范围，摆脱孤独

每个人都有一种归属的需要，都希望被人认同，找到一种社会归属感，且希望从团体中得到价值的认定。研究发现，人际交往有助于身心健康。当真诚地关心别人、帮助别人，无私奉献自己的一片爱心时，你会欣喜地发现，自己获得的比给予的更多。千万不要因为怕别人不高兴而把自己同他人隔绝开来，孤独只会使抑郁状态更加严重。

另外，人与人之间的关系如何，当然会影响到一个人的心情，而情绪

的好坏直接影响到一个人的学习和工作效率,每天有个好心情,做事干净利落,学习积极投入,效率自然高。另一方面,和同学保持互助关系,团结进取,也能提高学习效率。

总之,每个孩子都要注意修养自己的快乐之道,把快乐传递给周围的人。从现在起,做一个快乐的人,把快乐传递给自己的父母、老师和同学,形成一个良好的快乐的学习氛围,这对成长是很有利的。

第 5 章

培养时间观念，
学会合理安排自己的时间

帮助孩子安排好每天的时间

在现代社会，时间已成为一种有限的资源，时间就是金钱，时间就是生命，不仅大人抓紧时间工作和生活，孩子也在争分夺秒地学习。为了让孩子努力学习，父母总是要求孩子不断地与时间赛跑，高度紧张的神经让孩子感到疲乏，甚至身心俱疲，但孩子的学习效率却并不高，此时不妨反问一下自己，难道真的不能让孩子的脚步放慢一点吗？事实上，孩子之所以忙乱，是因为他们不懂得合理安排时间，做事效率低下。如果能引导孩子在做事之前先静下心来，厘清思绪，合理安排，事情往往会达到事半功倍的效果。事实上，任何一位效率专家都提议，要合理安排时间，就不能把日程安排得太局促。

可能有一些人认为，忙碌的一天才是充实的一天，以至于经常把一天的日程安排得满满的，而一遇到突发事件，就手忙脚乱了。其实，父母应该告诉孩子，每天要腾出一点"机动时间"来。如果出现意外情况，就能做到不打乱计划中的工作而坦然地处理它；而即使没有出现这些突发情况，也能给自己一个放松和休息的机会，或出去运动和锻炼，这样，就能轻松地完成一天的学习与生活，从容地面对明天。

不知道从什么时候起，小伟就再也没有娱乐时间了，好不容易熬到了周末，爸爸妈妈又为他报了书法培训班、英语口语班和奥数培训班。他周六上午要去学书法，周日下午学英语，晚上练口语，还要完成老师布置的课下作业，时间被排得满满的。

周末去培训班的路上，小伟看到同龄的孩子在自由玩耍时就特别羡慕。他多想和爸爸说他不喜欢那些培训班，可看到爸爸陪他时的辛苦，又难以开口。他觉得很压抑，生活得很不开心，这些培训班已经影响他的正常学习了。

对很多父母来说，为了不让孩子在学习上掉队，他们会选择给孩子"开小灶"——报各种培训班，也有一些父母，抱着跟风的心理，担心孩子在班里觉得"低人一等"，也给孩子报了一个计算机特色班。

父母也知道，孩子在学习上的竞争力完全不输成人之间的角逐，为了孩子不掉队，为了对孩子的升学有帮助，很多父母总是催促孩子马不停蹄地学习，实际上，将孩子的24小时安排得满满当当，往往会适得其反，孩子身体疲惫、缺乏学习热情、专注力差，又怎么能学好呢？

父母也应当吸取经验，为孩子合理地安排学习、生活的时间，保持身心的愉悦，孩子的生活才有节律。

可见，在提升孩子的时间管理能力中，如果将孩子的时间表安排得太满的话，不仅没有什么好处，反而会让孩子觉得不可能完成，渐渐地就会觉得每天都好像是被时钟牵着鼻子走，觉得越是追赶，越是赶不上自己的计划，结果就是任务越堆越多，自己仿佛越来越拖拉，最后只能放弃原来制订的时间表。

因此，要让孩子很好地管理自己的时间，就要合理安排孩子的时间表，不要安排得太满。

也许你的孩子是个很会规划时间的人，会为自己的每一个空余时间都做好规划，但他没想到的是，任何一个小小的事件，如身体不适、家里来了客人，都会打乱他的计划，所以，无论怎么样计划，都不可能把所有要做的事情计划好；无论怎么样计划，都不可能把一切安排得天衣无缝。当有很多事情面临选择时，当有些任务实在无法完成时，该怎么办？只有回答好了这个问题，才能真正理解如何管理时间。这个问题的答案就是：别把日程安排得太满，学会安排一些机动时间。

因此，效率专家建议，每个人每天都至少要为自己安排一个小时的空闲时间。比如说，今天家里要来一位客人需要孩子接待，父母可以让孩子在接待完客人之后给自己留出一段空白时间，或者也可以为自己安排出足够的时间检查家庭作业，要告诉孩子尽量提前完成那些必须完成的作业，这样在被打断时，就不会过于焦虑或烦躁了。

如果孩子在设定日程安排时过于僵硬，就会感觉自己好像在被时间牵着鼻子走，觉得自己的整个生活都在被时钟控制，变得毫无生趣。相比之下，如果能够在安排日程时为自己留出一些自由时间，就会感觉自己对生活有了更多的控制，每天的学习和生活也就会感觉更加顺畅。

当然，让孩子留出机动时间以应对突发状况，绝不能成为孩子拖延、懒惰的理由，为此，父母依然要求孩子需要做到每日计划、坚持执行和完成计划，只有这样，才能保证孩子充分和有效利用时间！

总之，在帮助孩子做好时间规划这一问题上，父母只要帮助孩子合理地安排时间，大可以让孩子不慌不乱，甚至有一些充裕的时间享受生活。

在固定的时间学习

对处于学龄期的孩子来说,学习是最重要的事,而培养孩子的时间意识和时间管理能力,也有利于提升孩子的学习效率。要提升效率,就要先制订学习计划、培养良好的学习习惯,按照科学的学习计划行事,可以使孩子的学习生活节奏分明。一旦形成了条件反射,孩子就能做到该学习时安心学习,该锻炼时自觉锻炼,所有这些都成了自觉行动,日久天长,良好的学习习惯就形成了。

需要说明的是,一旦形成了良好的学习习惯,孩子就能较好地管理时间,在固定的时间学习固定的科目,也就能减少时间的浪费,提高学习效率。一个有计划的孩子知道如果自己多玩一小时,多聊一个小时将会导致计划的哪项任务完不成,而这项任务没完成又将会给整个学习带来什么影响。有了计划,每一步干什么都明确,不用再费时间去想下一步干什么,也不用为决定下一步干什么而游移不定。

一位学习成绩优异的学生说:"我觉得自己没有什么特别的,不是特别聪明,也算不上特别刻苦。我成功的秘诀就是:按照老师的进度,把时间妥善安排好,按规律学习。

我在备考方面的经验是，学习时间的安排不宜太长，也不宜规定得太细，因为在执行过程中很可能因为老师一个突然的要求而打乱安排。我当时会对一周内每一天做什么，给出一个大致的时间分配。例如，这一周数学要做几道二次函数的题；语文，要看若干篇现代文；英语，要做几份试卷等。"

无独有偶，另外一个学生在谈到自己的学习秘诀时说："我不比别人聪明，也不比别人多用功，只是找到了适合自己的学习方法而已。"他觉得对学习来说，计划是最重要的，而且越细越好。他每天都会安排好自己的学习，到了考试前夕，这个计划甚至会具体到每天几点到几点干什么。在学习的过程中，他也非常会调整自己，虽然经历过很多挫折，好在他有着一颗越挫越勇的心。由于有着良好的基础，他形成了缜密的思维习惯，哪怕是一道题的解题速度和步骤，也是经过了思考来掂量分配的。

从两位成绩优异的孩子分享的学习经验中，父母应该有所启示：孩子要想学习效率高，要尽量做到控制时间，逐渐养成固定的学习规律。

那么，固定的学习规律包括哪些方面呢？

1.固定的生物钟

也就是说，什么时间学习，什么时间休息，要遵循一定的规律，只有做到劳逸结合，才能高效地学习，倘若孩子今天挑灯夜战，第二天肯定无精打采，整个生物钟也就会被打乱，形成恶性循环。

2.根据生活习惯和时间安排学习，高效地学习

每个人的机体存在差异，这是毋庸置疑的，在生活习惯上有所不同，例如，有些孩子喜欢在晚饭前学习，而有些孩子在睡前的某段时间能发挥记忆

的最好效果，对此，父母要处处留意，适时帮助孩子，孩子才能以最快的时间进入学习状态，提高学习效率。

3.到什么时间学习什么内容，做什么事

人的思维活动会遵循一定的规律，父母可以引导孩子把每天的时间划分为几个部分，什么时间工作，什么时间学习，学习的时间是否要具体细分到不同的学习内容，都做好详细的规划，这样，形成一种习惯后，就能在该段时间内、在该门功课上获得较高的学习效率。

总之，形成固定的学习规律，是执行学习计划的重要表现，也是帮助孩子提高学习效率的重要方法。

培养孩子做事有条理的良好习惯

当今社会，生活节奏日趋加快，只有条理性、计划性地安排生活、学习和工作，才能够将生活安排得有条不紊。而作为孩子，有条理性、计划性地做事，也能训练孩子的时间管理能力。然而很多父母对此不够重视，对孩子的事大包大揽，为孩子安排好一切，这样，怎么锻炼孩子做事的计划性呢？

5岁的丽丽总是丢三落四，这不，她又在喊了："妈妈，我的芭比娃娃放哪儿了？您快帮我找找！"过了一会儿，妈妈又听见丽丽在自言自语："我的拼图呢？"妈妈心想，丽丽都快5岁了，还总是这样，做事情时一点儿条理都没有，以后可怎么办呢？

其实，这样的情况并不少见，常有爸爸妈妈抱怨，说孩子经常把东西扔得到处都是，永远也找不到自己想要找的东西。其实，这可能是因为父母在最合适的时期没有及时训练、培养孩子做事有条理的好习惯。

对一些年纪小的孩子来说，神经系统发育还不完善、自我控制的能力较差，常常一件事没做完就又想着另一件事了，做事情不能善始善终，显得没有条理。

孩子做事没有条理，不仅与父母的教育方式有关，还和父母自身的行为也有直接关系。有的父母打开衣柜，总是找不着要换的衣服；有的父母把看完的报纸随手一丢。久而久之，父母的行为就会给孩子带来不良的影响，不利于培养其做事有条理的好习惯。

要培养孩子做事有条理的良好习惯，父母应该怎么做呢？

1.父母以身作则

父母不良的习惯很容易对孩子产生坏的影响。俗话说：喊破嗓子，不如做出样子。父母要言传身教，以身作则，做任何事情都要表现出一种强烈的责任感，以认真负责对待工作的态度影响孩子，如在家做事时主动勤快，有条理，脏衣服不乱塞乱放，换下来就洗，上班前总是将房间收拾整齐等，为孩子树立良好的榜样。

培养孩子做事有条理是一个漫长的过程，只要父母坚持要求，反复强化，不断激励且加以督促引导，就能使孩子养成做事有条理的好习惯。

2.建立合理的作息制度

有规律的生活是培养孩子做事有条理的重要前提。父母应根据孩子的年龄特点和家庭条件，把每天起床、睡觉、做游戏、看动画片、学习及家务劳动的时间都固定下来。教孩子做事时，一定要交代清楚什么时间做什么事情，怎样才能做好这件事，应注意些什么问题，做到要求明确，检查及时。

3.培养孩子做事有条理的习惯

父母应该随时留心观察孩子，看看其做事是否有序；是否知道先做什么，再做什么。通过观察，如果发现孩子这方面的能力差，应立即指出，并告诉他无论做什么事都要按步骤完成，做完一件事再做另一件事。如果有许多事情要做，必须先安排好顺序。如星期天，父母提出哪几件事是必须要做的，再让孩子自己安排，把要做的事按先后顺序排列。一次次强化，久而久之就会养成做事有条理的习惯。对年纪尚小的孩子，可以从吃饭、穿衣这些小事开始。

例如，可以把孩子穿衣、脱衣的全过程用照片的形式记录下来，贴在醒目的地方；还可以将穿衣、脱衣的顺序编成朗朗上口的儿歌，录到复读机中，等到孩子玩角色游戏时，可边听儿歌，边根据照片的步骤，一步一步帮助小娃娃穿衣、脱衣。如此，父母不仅在游戏中教会了孩子穿衣、脱衣的方法，培养了做事的条理性，而且还让孩子在自由的环境中获得了成功的体验。

4.必要时要惩罚经常丢三落四的孩子

对做事常常丢三落四的孩子，小小的惩罚也是必要的。

因因去上绘画课，到了教室才发现忘带橡皮了。其实，妈妈早就发现因因没有带橡皮，故意没有告诉她，想给她一个教训，让她以后注意。

5.让孩子自己的事情自己做

其实，一些孩子本来是细心的，是很多父母长期包办孩子的生活，导致了孩子自主做事能力的弱化。为了培养孩子做事有条理的好习惯，父母应学会放手，鼓励孩子自己的事情自己做，父母只给予必要的方法上的指导就可以了。父母要告诉孩子，无论做什么事都要按步骤完成，做好一件事后再去做另一件事，如果一天中有许多事情要做，就要安排好顺序，先干什么后干什么。父母可以利用双休日的时间，和孩子一起制订这一天的活动安排，提醒、督促其按计划完成。开始时，孩子可能丢三落四、虎头蛇尾，父母不要

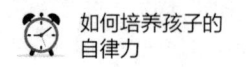

批评孩子。只要不断地要求孩子,同时加以引导和鼓励,就一定能够收到好的效果。

由于孩子身心发展的特点,做事难免会丢三落四,父母不必发愁,而是引导,培养孩子的秩序感是一个循序渐进的过程,需要父母长期坚持,从各个方面下功夫。毕竟,悉心教育的孩子,才能拥有出众的品质和能力!

养成善于利用碎片化时间的习惯

升入小学三年级，英语学习的难度越来越大了。对佳琪而言，她面临的最大难关就是单词量比较少，为了记忆更多的单词，佳琪决定每天早晨都早早起床背单词。可起得太早，她又非常困倦，总是哈欠连天，影响了上午的听课效果。早起了几天之后，妈妈就叫停了这个方案，说："你必须保证充足的睡眠，上课才能认真听讲。如果为了背诵英语单词而影响听讲，得不偿失。我觉得我们可以再找一个其他方式来背诵英语单词。"

三年级作业量也增大了。下午放学回家后，佳琪抓紧时间写作业，再加上妈妈还给她布置了一些课外作业，所以晚上是没有时间背英语单词的。那么，应该利用哪些时间背诵英语单词呢？思来想去，佳琪也没有想出好方法。这个时候，妈妈突然说："我给你准备一个英语小本本，是比你的手掌还小的一个本子。你每天只需要背两三个单词，我们可以在这个小本子上写好需要记忆的单词，利用碎片化时间记忆。"

碎片化时间是什么？佳琪从来没有听说过这个概念呢。妈妈耐心地解释道："碎片化时间就是跟整块的时间相对而言的。例如，早晨你等公交车时会有几分钟的时间，利用这个时间，你完全可以把这几个英语单词拼读几遍。下午，你放学站队时也会有几分钟的时间，包括中午在学校吃完饭到午休的中间，也会有一些自由活动的时间，你可以利用这些时间看几遍单词。每天都有很多碎片化时间可以与这些单词增加互动，渐渐地，你就会记住了，这可比抽出大段的时间来背诵的效果更好，因为即使你有很多时间来背诵单词，过一段时间也还是会忘记。可利用碎片化时间，我们可以循环记忆，所以记忆的效果是更好的。"

佳琪认为妈妈的方法非常好，当即就让妈妈为自己准备了小便签本。从此之后，她不管走到哪里都带着这个便签本，当然，她也牢记妈妈说的，不要利用课间背诵英语单词，因为课间是用来休息的。她只用那些会白白浪费的碎片化时间熟悉单词，经过一段时间的努力，单词量提升了，英语学习越来越轻松了。

碎片化时间是非常短暂的，有的碎片化时间只有几分钟，有的碎片化时间有十几分钟。虽然每一段碎片化时间单独看起来转瞬即逝，可如果把这些碎片化时间整合起来，就会发现在一天之中，碎片化时间甚至能够达到一两个小时。如果我们能够化零为整，把这些碎片化时间整合起来且加以充分利用，这些时间产生的效率就将是惊人的。

从学习效果上来看，虽然利用每一个碎片化时间只能记两三个单词，可当我们坚持利用碎片化时间，日积月累，识记的单词就会越来越多。对英语学习而言，单词就像是建筑高楼大厦的砖瓦，如果没有砖瓦，任何高楼都盖不起来。同样的道理，如果没有这些单词，英语学习也就失去了原材料，所以利用碎片化时间记忆单词，正好发挥了碎片化时间的优势，也完全符合记忆单词的特点，这样就能够使碎片化时间得到充分利用。

那么，我们可否利用碎化时间做一些其他事情呢？例如，利用碎片化时间写作文？这当然是不可能的，因为写一篇作文需要大量的时间，若利用碎片化时间写作文，思路会被无数次打断，这对于写出优质的文章是极其不利的。不过，我们可以利用碎片化时间构思作文，比如在等公交车时构思作文，并不需要拿出纸和笔，而只需要在脑海中想一想如何完成这篇作文即可。因此，在利用碎片化时间做一些事情时，我们要根据事情的特点做调整，要利用碎片化时间做那些可以分散去做的事情，而不要把一件重要的事情化整为零，利用碎片化时间完成，以免影响效果。

督促孩子，不妨给他一个小闹钟

不少父母可能都遇到过这样一个苦恼：孩子干什么都慢半拍，起床磨蹭、写作业磨蹭、出门磨蹭、参加活动磨蹭。而更让父母头疼的是，孩子磨蹭还不能催，一催就更不听话，甚至更慢了，这可如何是好？其实，对这样的情况，父母不妨让孩子借用一个督促工具——闹钟。

白女士的女儿菲菲是个很可爱的女孩，今年刚上一年级，以前在幼儿园，早上还能睡懒觉，现在可不行了，尤其是冬天来了，起床对她来说简直是太痛苦了。每天早上她最眷恋的就是被窝，妈妈恨不得掀了她的被子。

因为白女士经营公司，所以很忙，每天早上先要做早饭，还要送孩子去上学，有好几次就因为菲菲的磨蹭让她耽误了很多工作，经常是员工都已经在等她开会了，她还在等菲菲穿鞋，白女士后来也找过保姆，但是菲菲的磨蹭现象更严重了，无奈，白女士还是决定亲自管教。

有时候真来不及时，她会对菲菲发火："都几点了！你再不起我可要迟到了，到时候有你好看的！"

而菲菲呢，即便是被妈妈"威胁"，也永远是那副没睡醒的样子：慢慢起来，板着脸、嘟着嘴去洗漱，继续板着脸吃饭，还经常自言自语："要是不上学就好了!"

白女士每天都为这件事情头疼,后来,办公室的李大姐给她支了一招……

一天,菲菲放学回来,就看到客厅桌子上摆放了一份礼物,上面赫然三个大字——"菲菲收",菲菲激动地打开,是一个精致的闹钟,还有一张纸条:"给菲菲,你不喜欢我太早叫醒你,对吗,妈妈理解你!从今天起,你可以自己做主。爱你的妈妈。"

菲菲又惊又喜,她跑到厨房对妈妈说:"你怎么知道我讨厌别人叫醒我?""还用问吗?妈妈都看出来了,不过这也很正常,有时妈妈也不愿起,所以我理解你,妈妈为曾经发火向你道歉。"

"谢谢妈妈!我会自己管好自己的。"她高兴地回到了自己的房间。

第二天早上,闹钟响了,妈妈到菲菲房间一看,她已经起床了,"亲爱的,太早了,怎么不多睡5分钟呢?""不行,再睡就要迟到了!"

由此可见,对孩子赖床、起床缓慢的问题,最好的方法不是催促孩子,也不是对孩子大声吼叫,而是给孩子一个闹钟,让孩子自行掌握起床的时间,这也是培养孩子的行动力和时间管理能力的重要方法。

事实上,孩子赖床本就是正常现象,父母不要下结论说孩子懒,更别对孩子大喊大叫,可仍然听到一些父母大早上就开始"咆哮"。

"还不快起,都几点了!"

"你马上给我起来,怎么还不起?"

"别又装病,快起来!"

"天哪,难道今天不上学吗?!"

与其一大早就让孩子和自己都暴跳如雷,不如将自由交给孩子,让他们自己决定；或者将闹钟调早几分钟，然后说：

"还是待在被窝舒服是吗？是啊，早上起是很困难的。"

"多睡5分钟吧，宝贝。"

给孩子一个闹钟吧！还他一个自由的早晨和赖床的空间，让早晨变得更温暖、更亲密，更有家的味道。

例如，父母事先制订好规则，如"晚上最多看20分钟动画片"，孩子答应后定闹钟，等到闹钟提醒时，父母也能提醒孩子，甚至有时候，孩子看了18分钟动画片，不到20分钟也会一直等待闹钟响起。

其实，"定闹钟"不仅是对孩子的提醒，更是对家长的提醒，督促家长遵循规律的生活作息和习惯，培养立即执行的行动力。

虽然"定闹钟"看起来很简单，可确实很有效，很多父母反映孩子会听闹钟响、看时钟等，心理都会有一个变化，在刚开始定闹钟时，可能孩子还会有磨蹭和拖延，而经过多次强化和训练后，孩子还是很容易接受闹钟的。

定闹钟除了让孩子准时起床，还可以督促孩子写作业，有利于孩子快速、有效地完成作业。在孩子使用闹钟前，可以根据他的作业总量和做作业的效率，估算出做作业需要的时间，再让他在写作业之前先定上闹钟，让闹钟在完成作业的期限前10分钟响起，这样可以让孩子形成一种紧迫感，还可以让孩子在自己定闹钟的过程中体验到成就感，不再把作业当作是为父母完成任务，学习会更加自觉。

第 6 章

孩子养成好习惯,
学习不用家长愁

督促孩子做好课前预习

在中国的中小学,很多老师上课有一大特色:满堂灌。老师在讲台上滔滔不绝地讲,学生在台下无精打采地听。很多孩子也已经习惯了这样的学习方式,然而,这些孩子经常感到学习很吃力、无法消化课堂知识。为了理解课堂知识,不少学生只能课后"开小灶",可也有一些学生,却能跟上老师的步伐,其实这是因为他们做足了课前准备——预习,因此不少老师建议学生和家长,一定要重视课前预习,做好预习就能做到有的放矢,听课效率自然高得多,能节约很多时间。

的确,课前预习就像作战时的侦察工作,哪是明区,哪是暗堡,哪是最坚固的地方,哪是薄弱环节,等等,都能通过预习了解。

的确,课前准备对学习的裨益是多方面的。

第一,独立的课前准备能帮助孩子独立地阅读和思考新知识,从而加快阅读速度,也有助于提升分析综合、归纳演绎、判断和推理等能力。

第二,课前准备能帮助孩子发现知识上的不足,从而查缺补漏。

最为重要的是,课前准备能提高孩子的听课效果。当孩子带着不懂的问题听课,目的明确,态度积极,针对性强,注意力容易集中,能随时作出积极的反应。预习后,不仅上课容易跟上老师的思路,在老师讲到自己已经懂得的那部分知识时，也可以比较自己的思路和老师的思路，取长补短，提高思维能力。

然而，对一些学习习惯不好的孩子来说，父母要经常督促其做好课前预习。预习工作到位，孩子的学习就能事半功倍。

小凯学习成绩好的一个制胜法宝是：预习和复习工作做得很到位。他很注重复习，每天放学回家后，他都会花一点时间，重新巩固一遍课堂知识，对那些没有弄懂的知识，他会寻求爸爸妈妈的帮助。而同时，他也很注重预习。正因为如此，他在上课时，不管老师要讲什么，他好像都知道。这天课间，同学凑在一起聊天。

"我爸和我妈一天都很忙，我放学回家，他们只会叮嘱我要好好学习，从来不会花多少心思在我的学习上，更别说辅导我预习功课了。"一个同学谈到自己的父母。

"我爸妈倒不是，他们盯我盯得太紧了，我一回家，他们就会问我当天学了什么。从小学到初中，这些年都是这样，这倒是一个很好的回顾、复习课堂内容的好办法，可回答完以后，我还有多少时间去预习新课程？因此，我经常会觉得老师上课的内容很陌生……"

这时，班主任也走过来加入学生的谈话："我认为各个层次的学生都需要预习。成绩好的，预习工作可以跳出课堂、跳出学科，拓展视野；对于学习稍感吃力的同学来说，预习更重要，否则讲课时就会被老师牵着鼻子走，没有一点自己的主动性。而预习之后，假如这堂课上的三个知识点，他能提前弄明白一个两个，就能较快地进入课堂，听讲中也有侧重点和针对性。"

"是啊，预习和复习都很重要，一样都不能落下啊……"

的确，可能很多孩子都会认为，复习在学习过程中很重要，而其实，预习也同样重要。当然，前提是孩子必须要掌握科学的预习方法。如果预习不得法，有时反而会适得其反。有时候，在准备的过程中，孩子原本只是抓住了一点皮毛，反倒认为自己都听懂了，上课就不注意听讲，这样就错过了知识的来龙去脉等重点，显然是捡了芝麻丢了西瓜。

所谓预习，就是在正式投入学习之前，先把要学习的内容快速浏览一遍，了解将要学习的大致内容及结构，以便能及时理解和消化学习内容。当然，预习要注意轻重详略，在不太重要的地方可以花少点时间，在重要的地方，可以稍微放慢学习进程。为此，孩子需要掌握两个预习方法。

方法一：根据老师的上课方式预习。

在帮助制订自己的预习方式时，最好先让孩子想想老师的上课方式是怎么样的，或索性直接问一下老师，要怎么样预习。因为预习是为了在课堂能听得更好，而课堂计划是由老师制订的，所以孩子的预习也要与课堂配套。

方法二：与习题配套预习，以便查缺补漏。

在准备前，父母可以帮孩子购买一本与课本配套的练习册，买练习册时特别注意，别买参考答案只有一个数字的，而要选择有详细解答过程的，这样有助于孩子理顺思路，做错了也能弄明白为什么错，不懂的地方可以做出标记。

如何培养孩子的自律力

告诉孩子假期学习也要自律

对处于学龄期的孩子来说，一年之中最开心的就是放假了；可是对父母来说，一到放假，是既高兴又不高兴，这个假期到底该怎么安排孩子的学习和生活呢？是让孩子痛痛快快地玩还是努力学习呢？不过，只要经过了解就会发现，在孩子的班级中，有些同学，原本成绩并不理想，可是寒暑假一过，在新学期刚开学的考试中，就取得了惊人的成绩，这是为什么呢？其实，这是因为他们充分利用假期的时间查缺补漏和有效复习。为此，父母必须要告诉孩子，千万别忽视假期这一绝佳的学习机会。

"从上小学开始，我认为我的学习能力不如别人，在三年级以前，成绩都不是很好，只在年级的中游水平。后来我能够成功地进入全校前三名，一个很重要的原因就是我笨鸟先飞，合理地安排自己的假期。

"我会在假期时先预习下一学期的课本，特别是数学，这就需要提前去借课本，也可以买课本和相应的同步资料，再给自己制订好假期计划，每天看多少、做多少，双休日则逛街、打羽毛球、逛书城，有时还和朋友去游览周围的风景名胜。学习兴趣就更浓厚了，因为在玩中印证书本知识的兴奋劲令我回味。一个假期下来，我基本熟悉了这学期要上的课。课堂上，一方面把已经掌握的知识复习了一次，另一方面，不懂的又可以在老师讲课时解决，这就是我笨鸟先飞的招数了。我在四年级时就已经预习完了小学的全部知识，而小学毕业的暑假，又将初一的课本知识自学了一遍，为以后的学习减少了阻力。真感谢自己当初的坚持不懈，为当时的我感到骄傲、自豪！"

这名小学生的成绩为什么能在假期后提高很多？因为他在假期时能自律地学习，当然，并不是建议所有孩子在假期争分夺秒地学习，相反，学习要劳逸结合，多参加一些娱乐活动。也就是说，合理的假期计划，是要将学习与娱乐都考虑进去的。

那么，父母该如何帮助孩子科学、有效地利用假期安排学习和生活呢？

1.帮助孩子制订学习计划

相对于周末来说，假期的时间比较长，如寒暑假，国庆和"五一"等，父母只有先帮助孩子制订一个适合自己的学习计划，才能将自己的学习状态调到最佳，从而让孩子高效地完成自己的学习。

2.监督孩子执行学习计划

再完美的学习计划，如果不执行，都只是空谈，因此，在引导孩子制订完学习计划后，还要监督其完成。

3.告诉孩子假期别一味地学习，劳逸结合

既然是长假，就应该适度休息、调整好自己的身心状态，唯有如此，才能以最佳状态迎接假期后的学习。

总之，帮助孩子科学地计划假期的学习，父母一定要考虑到孩子的身、心、智的需要，从而过一个有意义、充实的假期。

如何培养孩子的
自律力

告诉孩子一定要避免长时间的连续学习

父母都知道，对进入学龄期的孩子来说，主要任务就是学习，而且随着学习难度的加大，孩子放在学习上的时间也会越来越多，父母经常告诫孩子要珍惜时间努力学习，虚度光阴。因此，对很多孩子来说，每天的生活大部分都是围绕着"吃饭""学习""睡觉"，甚至不参加任何身体锻炼活动，也没有业余生活，中午吃饭只是"凑合"，恨不得"将每一分时间和每一点精力都拿来学习"。对这样认真学习的孩子，父母都感到很欣慰，但苦恼的是，这样的孩子的学习效率并不高，学习成绩也并不理想，这是为什么呢？

其实，这些孩子注重的往往是学习时间的累积，却忽视了学习效率的提高。这样的做法其实并不科学，不利于压力的及时释放，非但难以促进学习，反而会使学习效果大打折扣。因此，可以说，在学习过程中，父母要告诉孩子，一定要避免长时间的连续学习，注意劳逸结合才能保持精力充沛，才能提升学习效率，也才是高明的时间管理方法。

小丽是个乖巧的孩子，今年十岁，在读四年级，从小学一年级开始就认真学习，花的时间也比别人多，可到了三年级后，她发现自己是不是得了健忘症，总是记不住东西，快期末考试了，越发觉得自己无法集中精力学习，上课不停地开小差，总想一些不相干的事，看到身边的同学都在全神贯注地学习，她更加着急，但越着急就越容易开小差。在几次测验中，她的成绩也越来越糟，原来是班里的前十名，现在退到十五六名。于是，有天放学后，她找班主任谈心。

班主任问小丽："你现在花在学习上的时间多吗？"

"多，但不知道为什么，花的时间虽然多，却不见什么成效。"小丽一脸无奈。

"根据你以前的经验，如果整天为不能将所有精力放在学习上而着急，而一味增加学习时间，减少睡眠与休息，会有什么样的结果？"

"好像越来越糟糕。"

"也就是说，你自己也认同越是着急，越是给自己加压，情况越是糟糕？"

"嗯，是的！"

"既然如此，你为什么还要着急呢？"

"我也想啊，可我总是无法控制自己。"

"我能理解，现在我们假设换一个思路，只要尽力了，就对得起自己和父母了，成绩如何不是我们能决定的，这样想会有什么样的结果？"

"可能会放松一些。"

"嗯，既然你能这样想，事情还不算糟糕。举一个例子，假如两个同学都是70分的实力，一个极力想考80分，加班加点，终日紧张，学习效率下降，考试时发挥不出水平，最终只考60分；另一个接受70分的现状，该学时认真学，该玩时也放松玩，最后考试发挥出色而考出80分的好成绩，你能理解吗？"

"能……"

不难看出，在学习这一问题上，小丽之所以会记忆力差、考试成绩不断下降，是因为不断给自己加压，她要让自己把所有的精力都用在学习上，这是一种苛求自己的态度。但事实上，每个孩子可以掌握自己的努力程度，却把握不了最终成绩。因此，在家庭教育中，从学习效率的角度来考虑，父母要告诉孩子，在学习中一定要注意劳逸结合，该休息的时候就休息，该学习的时候就学习，休息时间能不谈学习就不谈，否则很容易造成自己紧张。

要做到劳逸结合，父母就要告诉孩子做到四点。

1.主动休息

效率专家认为，对学生而言，持续学习的时间不应超过40分钟，一旦超过，就要主动休息，人在经历了一段时间的工作和学习后，兴奋度会降低，此时，专注程度就会降低，外界的刺激就不会使大脑皮层兴奋，甚至会引起抑制。要使大脑的功能一直保持旺盛的状态，就要让大脑的兴奋区和抑制区经常轮换。因此，父母要告诉孩子，学习40分钟后，就应该走出学习区，呼吸些新鲜空气，活动活动筋骨。

2.保证充足睡眠

父母要告诉孩子，无论现在的学习压力有多大，应有的睡眠时间不能被压缩，这是不能突破的底线。

可以说，睡觉是最好的休息方式，能使大脑受益。

3.多参加体育运动

身体是"学习的本钱"，没有一个好的身体，再大的能耐也无法发挥。因而，父母要告诉孩子劳逸结合，不要死读书而忽视了锻炼身体。

4.科学用脑

在保证营养、积极休息、体育锻炼等保养大脑的基础上,科学用脑,防止过度疲劳,保持积极乐观的情绪,能大大提高大脑的工作效率。

总之,父母要告诉孩子,只有合理安排时间、注意劳逸结合,才能真正提高学习效率,获得良好的学习效果。

如何培养孩子的自律力

养成主动完成作业的习惯

每天放学回到家后,冉冉做的第一件事就是看电视。她一边盯着电视屏幕,一边喊奶奶给她拿水果、牛奶和面包;一边补充能量,一边看有趣的动画片,"咯咯咯"地笑出声来。

冉冉什么时候才开始写作业呢?奶奶是催不动冉冉写作业的,往往要等到爸爸妈妈六点多下班回到家里,才开始写作业。要知道,冉冉三点钟放学,三点半到家,等到爸爸妈妈回到家,她已经看了三个小时的电视。这个时候,班级其他同学早就已经完成了校内的作业,有些同学甚至做了一部分校外的作业。这让妈妈感到很焦虑,她不止一次地唠叨冉冉:"你总是拖延。就算不写课外作业,至少也要认真完成校内的作业呀。如果你表现得这么糟糕,不能主动完成作业,我只能给你报名一个托管班,你放学之后直接是去托管机构把作业写完了再回家。"听到妈妈这么说,冉冉完全不以为意,因为妈妈已经这样说了无数次,却从来没有真正地付诸实践。

进入小学中年级,作业变得越来越多。如果冉冉非要等到爸爸妈妈六点半回家吃完晚饭,七点半才开始写作业,她可能到十点都不能完成作业。看到冉冉早晨起床时哈欠连天的样子,妈妈非常担心。如果说以前妈妈只是生气冉冉不能主动完成作业,那么现在妈妈还担心冉冉因为睡眠不足而影响白天认真听讲，所以妈妈决定彻底整改冉冉完不成作业的坏习惯，她要求冉冉回家后第一时间必须主动完成作业。

然而，冉冉到家时，爸爸妈妈都还在单位呢，根本没有办法监督冉冉。奶奶又年老体弱，不想和冉冉吵架，所以只能任由冉冉自行其是。在这种情况下，妈妈思来想去，琢磨了一个对策，她打电话咨询了电信的网络机构，得知家里的电视和网络的使用时间可以在后台设置，例如，规定孩子只能在某一个时间段内使用网络或是观看电视，这个方法非常好，妈妈当即就规定冉冉六点以后才能看电视。在此之前，冉冉必须完成作业，拍照给妈妈，作为完成作业的确凿证据，妈妈才会开通网络。在完成作业的情况下，冉冉六点开始看电视，看大概半个小时的电视节目，等爸爸妈妈回到家里之后，一家人一起吃晚饭。吃完晚饭，冉冉会做课外作业，或者看一些课外书，总而言之，冉冉每天都能够肆无忌惮地看三个小时电视的好日子一去不复返了。

新规定执行没多久，冉冉就觉得半个小时电视时间实在是太短了，还没有看过瘾呢，就已经结束了。她几次三番请求妈妈能不能多给她一些时间，妈妈回答："我可以多给你一些时间，不过我会观察你回到家里后写作业的表现。如果你能够主动完成作业，而且把作业写得认真、工整，我是可以考虑再给你延长半个小时的，也就是你可以看一个小时电视哦。前提是你要在三点半到五点半之间完成正常的作业量，除非作业量特别大，你才能够延迟。"听了妈妈的话，冉冉兴致勃勃地答应了妈妈的要求。经过三天的观察，妈妈发现冉冉回到家里之后的确很积极主动地完成作业，因而把冉冉看电视的时间延长到了一个小时。

很多父母都为孩子放学之后不能够主动完成作业而感到烦恼，这是因为父母都要工作才能赚钱养家糊口，而不可能每天都留在家里看着孩子写作业。如果孩子没有养成主动完成作业的好习惯，而家里的老人又照顾不了孩子，或者是家里根本没有老人，孩子回到家里就全凭自觉才能完成作业，这时如果孩子自觉性比较差，在学习上就会一落千丈。

通常情况下，老师每天都会布置作业，这就意味着作业成了孩子的必修课。对每天都要做的事情，如果父母总是要靠督促和催促才能逼着孩子完成，无疑是非常辛苦的，不但会使孩子完成作业的质量大打折扣，而且会使亲子关系变得紧张恶劣。明智的父母哪怕花费大力气，也要培养孩子主动完成作业的好习惯，这样，孩子每天放学回到家里之后，自觉地开始写作业，父母也就不用再为孩子的作业而操心费神了。

自律是有限的，父母不在家时，如果家里负责监护孩子的人没有威信，即使说得再多，孩子也不愿意听。事例中，冉冉妈妈的做法就非常好，她通过电信后台控制家里连接网络和电视的时间，从客观上杜绝了冉冉偷偷看电视的情况。此外，她还采取了激励措施，要求冉冉必须好好表现，才能得到多看半个小时电视的奖励，这就给了冉冉以动力坚持自律。长此以往，当冉冉把放学回家就主动写作业作为习惯固化下来时，写作业就变得顺理成章，再也不需要父母多费唇舌了。

适合自己的方法才是好方法

处于学龄阶段的孩子,大概都会问:作为一名学生,怎么提高学习效率?关键要找到适合自己的学习方法,适合你的才是最有效的方法。也就是说,你需要了解别人的学习方法,但不是照搬,而是在别人的启发下,量身定制一套适合自己的方法,才会产生理想的效果。

林凯是某校的中考状元,在谈到学习方法时,他说:"不存在一套适用于大多数人的学习方法,每个人都应该去摸索适合自己的学习方法。""学有法,无定法,贵在得法。"林凯向同学传授的第一点秘诀,就是关于学习方法的。林凯说,就他个人而言,归纳、总结是学习的基础,要建立一套个性化的资料库,总结一些典型的、常见题目,找到一些通解、通法,在面临同一类问题时,能迅速反映出解题方法。"以语文中的诗歌鉴赏题为例,我会先通读,连作者简介和注释都不放过,再是细读,寻找其中的主题思想、意向,最后才是答题。"

"基础的重要性强调一万遍也不为过。"林凯说,他曾经也经历过数学压轴题满分,第一道选择题就丢分的错误道路,他认为,基础题和中档题才是真正的考验,也是拉开差距的重要部分。

"细节，还是细节！"林凯说，有两个方面可以为同学提供参考。一方面是卷面的细节，因为现在是网上阅卷，因而卷面要尽可能整洁、干净。考试前，林凯被老师叫到办公室，特别指出了卷面问题。在他的试卷上，无论逗号还是句号，他都写成了一个黑点，这种细节一定要注意改正。另一方面就是内容的细节，审题、答题都要仔细。

的确，正如林凯说的，每个孩子都应该有自己的学习方法。也就是说，在学习过程中，不管采用哪种学习方法，都不能盲从，适合自己的才是最好的。

同样，对那些成绩优异的同学总结出的学习经验和长处，可以学习，可以借鉴，可以汲取，但一定不能迷信，不能盲从，不能机械地照搬。就像每一朵鲜花的盛开，都由其自身的条件决定。在学习中，只有认真地分析自己的实际情况，准确地认识和把握自己，采取切实可行的模式、方法和手段，才能在自己的责任田里收获希望的果实和满掌的阳光。学习，切忌简单抄袭，适合别人的不一定适合自己。别人曾经走出了一条路，自己用同样的方法，朝同样的方向，却不一定能收到相同的效果。每个孩子的自身情况不同，对学科掌握的程度不同，方法也会有所不同。每个人也应该相信自己的学习方法，切不可邯郸学步。学习方法多种多样，重要的是，摸索适合自己的学习方法，方法对了，效率就提高了。

有一位男生在谈到自己的学习方法时，说："我主张把各科知识点分类整理，做成图表。因为好记性不如烂笔头。在学习的过程中，'知识网络图'的重要性不言而喻，做好且掌握这样的图表，就能理清各种知识点的纵横关系，就能拓展思维，掌握具体方法和技巧，明确所学的内容。"

可是，他的一位同学却有完全不相同的看法，对整理知识网络，他的做法是用脑而不是用手。这位同学说："我没有这么勤快，我仗着脑子好使，从来都是在大脑里整理知识。我觉得动笔记东西有一个缺点，那就是写在纸上的东西保留了'信息'的形式，有一部分无法完全记忆，总要回到纸上来现找，费时费力，形成对笔记的依赖。"

你认为这两位同学，谁的做法更可取呢？

总之，孩子们，找到只属于自己的学习方法，不要盲目地追随别人的方法，适合自己的才是最好的！

如何培养孩子的自律力

养成每天阅读十分钟的习惯

培根说:"书籍是在时代的波涛中航行的思想之船,它小心翼翼地把珍贵的货物运送给一代又一代。"歌德说:"读一本好书,就是和许多高尚的人谈话。"书籍是人类进步的阶梯,是智慧的源泉,而对一个孩子来说,读书是开阔眼界的重要途径。经常出入图书馆、徜徉于浩瀚的书海,孩子会变得越来越自信,变得越来越有气质。因为阅读对人的精神世界有润养作用,因此,每个孩子要养成坚持阅读的习惯。

但实际上,出于很多原因,很多孩子小时候对书籍的好奇以及兴趣经常被以父母为中心的家庭教育扼杀了,有些家长认为"成绩才是王道""应该把精力放在学习上,读书太多影响学习",另外,繁重的学习压力也让很多孩子无暇顾及课外阅读。而实际上,孩子要明白,阅读也是学习的一部分,你不仅会因此开阔眼界,还能在书中培养自己的宽广胸怀。

王亚南是我国著名的马克思主义经济学家,也是最早翻译了《资本论》的人。

读书时代的王亚南曾为了争取更多的时间读书、不叫自己懈怠,将自己睡觉的木板床锯掉一只脚,做了一张三脚床。这样,每到学习疲惫想上床睡觉时，迷迷糊糊中就会因为不平稳而惊醒过来，此时，他便立即下床，继续学习。

就这样，王亚南运用这一方法坚持伏案阅读，春去秋来，天天如此，结果年年都取得优异的成绩，被誉为班内的"三杰"之一。

1933年，王亚南乘船去欧洲。途中，海上突然狂风大作，顿时巨浪滔天。当时，王亚南正在甲板上看书，可他的眼镜却被风吹走了，他赶紧向旁边的工作人员求助："麻烦你把我绑在这根柱子上吧！"

这句话让工作人员不禁笑了起来，心想王亚南可真胆小，因为怕被风浪卷走就请求被绑起来，可出人意料的是，当王亚南被绑在柱子上后，居然翻开书，聚精会神地看起书来。船上的外国人看见了，无不向他投来惊异的目光，连声赞叹说："啊！中国人，真了不起！"

孩子应该向王亚南学习，逐渐养成读书的习惯，长此以往，便会爱上阅读。

那么，孩子该如何在生活中培养爱读书的习惯，又该如何从书中获得知识呢？

1.去伪存真，学会挑选健康、积极、有益于自己身心发展的书刊

不得不承认，现在市场上充斥着各种书刊，可并不是什么书都适合青少年阅读。

约翰逊医生说："一个人的后半生取决于他读到的第一本书的记忆。"因此，孩子需要记住，如果一本书不值得阅读，就不要过于强调阅读的数量，不然只会让自己装了一肚子的书，却解决不了生活中的一个小问题。对此，你可以询问父母，让父母引导自己找出优秀的文学作品，而不要浪费时

间阅读垃圾文字。

2.注意培养自己的阅读方法

要学会带着感情阅读,这有利于培养自己的表达能力和想象力。另外,你还可以写一些读书笔记,写出自己的感受。另外,睡前阅读是良好的阅读时机,浅睡眠时期最容易进行无意识的记忆,因而一定要把握睡前的阅读。

3.将书本上的知识与生活认知结合

例如,你周末读完一本有关海洋动物的书,就可以去海洋馆看看海豚、海豹到底长什么样子;看过植物书后,就可以去野外认识各种可爱的植物,这样就可以使阅读变得很有趣,就会逐渐建立起你的读书兴趣。

书是知识的海洋,其实,爱上阅读并不是什么难事,关键是你要学会读什么书,怎么读书,慢慢养成良好的读书习惯。

4.每天最少阅读10分钟

任何习惯的养成最少需要21天,阅读也是如此,一开始,你可以在父母的监督下阅读,当你养成习惯后,就会把阅读当成每天的精神食粮了。

第 7 章

培养行动能力,
一切用行动说话

养成今天的事今天完成的习惯

经过一段时间的调整，妈妈终于帮助冉冉养成了主动完成作业的好习惯。这样一来，冉冉放学回到家里后，妈妈就不用再一边工作一边惦记着冉冉有没有开始写作业了。可孩子的身上总是出现各种问题。主动完成作业的好习惯才刚刚养成，妈妈就发现冉冉换了一种方式拖延。例如，老师有的时候会布置一项作业，要求在两天之后上交。大多数孩子有良好的学习习惯，在知道这项作业需要完成之后，会在完成当天晚上的作业之后当即着手完成这项不着急上交的作业。冉冉却恰恰相反，哪怕她提前完成了所有作业，只剩下这项不着急的作业，也不愿意当即完成，而是会采取拖延的方式，把这项作业安排到次日，或是安排到交差任务的前一天。这就使得冉冉总是等到最后关头才能仓促地完成这项不着急交的作业。那么，如何才能改变冉冉这种刻意拖延的坏习惯呢？

有一次，老师安排孩子制作小报。冉冉没有提前制作小报，而是计划等到要上交小报的前一天晚上才开始做。结果，她没有想到的是，这天晚上的作业非常多，相当于平时的两倍之多，所以当她用了很多时间终于完成作业后，才想起自己还有小报没有完成呢！这时已经是晚上八点多了，制作一份小报要花费两三个小时，这也是老师提前一个星期布置小报作业的原因。

要想在一两个小时的时间内完成两三个小时的工作量，对冉冉而言难度太大了。因此，冉冉敷衍了事地完成了小报，次日拿去交差。结果，冉冉不仅被老师在全班点名批评了一顿，还让妈妈也知道了。正是因为如此，妈妈才意识到必须让冉冉养成今日事今日毕的好习惯，否则这种另类拖延将会变得越来越严重，也会导致糟糕的后果。

借助冉冉这次做小报被老师批评的机会，妈妈语重心长地说："冉冉，很多事情如果提前做，即使做得不好，也有机会弥补。如果总是延迟，你不知道后面还会有什么事情，或还会发生哪些意外的情况需要处理，你就会非常被动。就像这次做小报，如果你早一点开始，提前做完，即使上交的前一天晚上的作业很多，也不会影响到你。可你拖延到最后一天，又无法预知最后一天的作业量。如果作业很少，你可以仓促地完成小报；如果作业很多，你就只能敷衍了事了。"听到妈妈的话，冉冉重重地点点头，她觉得妈妈说得很有道理，虚心地回答："妈妈，的确是我考虑不周，我以后一定会尽量早一点完成小报作业。"妈妈补充道："不仅要尽量早一些完成小报作业，还要把很多能提前的工作，都提到前面完成。"

孩子的自制力毕竟是有限的，下次再遇到这样的事情时，冉冉还是会把事情安排到后面，因为孩子总是贪图安逸和享受。为了帮助冉冉养成提前做好事情的好习惯，妈妈会适度地提醒冉冉不要再犯同样的错误。在妈妈几次三番的提醒下，冉冉终于改掉了拖延做事的坏习惯，既能够做到今日事今日毕，对可以今日也可以改日做完的事情，只要今日有时间，她就会安排在今日的日程中。就这样，冉冉终于不再被时间追赶着努力向前了，而是能够主动地跑在时间的前面，成为时间的领跑者。

人有趋利避害的本能，都不愿意吃苦在前，享乐在后。虽然现实逼得我们必须认识这个道理，也要在做很多事情时坚持吃苦的原则，但是在有选择的情况下，我们还是会不由自主地选择先享受再吃苦，或者最好是享受后不再吃苦。当然孩子也是如此，孩子的自制力原本就比较差，还没有发育成熟，所以父母应该给予孩子更强大的助力。当发现孩子出现偷懒或拖延的苗头时，父母要及时提醒孩子。尤其是当孩子因此而吃到苦头时，父母不要嘲笑或讽刺孩子，而是要借助这个机会给孩子讲清楚其中的道理。稍微大一些的孩子一定会理解父母的良苦用心，也知道自己应该怎么做。

今日事今日毕是非常好的学习和生活习惯，没有人知道明天会发生什么，所以也没有人能够确定自己一定能够在明天做出更好的表现。在这种情况下，与其把今日能够做完的事情拖延到明天，还不如趁着今天有时间早早完成。如果明天没有意外的事情需要处理，就可以享受一个轻松愉快的夜晚，当然也是非常美好的。相反，如果把事情留到明天，虽然今天的夜晚是相对轻松的，可心里总是会有所惦念。只有正确排序，才能感受到真正的轻松愉快。

养成一切用行动说话的习惯

在生活中，我们总能听到一些孩子为自己的行为找借口：上学迟到了，会有"路上堵车""手表停了"的借口；考试成绩不理想，会有试题太难、身体不舒服的借口。只要细心去找，借口总会有的。他们不想方设法地提高做事的效率，而是把大量的时间和精力放在如何寻找一个更合适的借口上。你有这样的弊病吗？如果细心一点，你会发现，成功的人基本上都有个共同的特点，即少说话、多做事，做事效率很高，也就是具有很强的执行力。一个人缺乏执行力，就不会有高效率，就可能在竞争中被淘汰出局。

从前，在两座相邻的山上，有两座寺庙，分别住着两个和尚。每天早上他们都会到公用的一条小溪里挑水。

一晃五年过去了，他们也在各自的寺庙修行了五年。

突然有一天，右边山上的和尚来挑水时，没看到左边山上的和尚。一个星期了，他还是没看到，这个和尚心想："我的朋友怎么了，为什么不来挑水了？难道是生病了？我要过去探望他，看看能帮他做点什么。"

很快，他来到了左边山上的寺庙，他看到他的朋友正在寺庙里打太极拳，好奇地问："你已经一个月没有下山挑水了，难道你们不喝水吗？"左边山上的和尚说："来来来，我带你去看看。"

随即就带着右边山上的和尚走到了寺庙后院，指着一口井，说："这五年来，我每天挑完水、做完分内的工作后，都会抽空挖这口井。即使有时很忙，也是挖多少算多少。一个月前，我终于挖出了水，就不必再下山挑水了，也就可以有更多时间钻研喜爱的太极拳了。"

这位懂得挖井的和尚，就是个智者，不仅挖出了水，让自己不用再费力挑水，还能抽出时间钻研自己喜爱的太极拳。

这个故事同样告诉我们，高效率地做事，就必须要学会立即执行，而不是找借口拖延。

那么，孩子们该怎样高效地做事呢？

1.珍惜时间

社会发展到现在，闲暇在每个人的生命中已经成为举足轻重、仅次于生活必需时间的第二大时间段。一个人要想有所成就，就应当合理地安排时间，最大限度地提高时间的利用率。在影响成功的诸多因素中，天资、机遇、健康等都重要，而把所有的有利条件都发挥出的决定性因素，是利用好每一分每一秒的时间。

2.尽早为自己的人生设立一个明确的目标

有些人没有目标，整天糊涂度日，一生忙碌，到头来一事无成，默默终生。人生不在于时间的长短，而在于生活质量的高低。如果你不甘平庸，就从现在开始，为自己制订个明确的目标，并为之努力吧！

3.为实现自己的目标，制订出切实可行的计划，逐步达到目标

若想成功，你就要做到：一旦有了目标，就围绕目标，想方设法，积极

行动，为早日实现自己的目标而奋斗不已。

总之，人生苦短，只有区区数十年光阴，在这有限的时间内，如何使自己的人生走向辉煌呢？无法延长时间，但我们可以追求效率。

做事不找借口，把责任心放在第一位

人生在世，每个人都必须具备责任感，这不仅是对他人负责，也是对自己负责。而借口与托词，则是责任的天敌。对孩子来说，责任心更为重要，因为在未来，他要承担更多的社会与家庭责任。任何一个处于成长期的孩子，都要学会毫无借口地行事。而在现实生活中，缺乏责任感的青少年并不少见，他们在一件事情做不成功或被批评时，总是会找种种借口告诉别人，因为他害怕承担错误，害怕被别人笑，或者只是想得到暂时的轻松和自我解脱。这样的孩子又怎么能对自己负责独当一面呢？

的确，在学习和生活中，你总会遇到一些困难，而且有时候这些困难是客观存在且不以人的意志为转移的，但你仍可以通过自身的努力来克服。你不能等所有的外部条件都完备了再开始着手做事，你能做的唯有立刻行动，不找任何借口。

1952年，在美国堪萨斯州托皮卡的奥利弗布朗黑人夫妇向法院提起诉讼，要求托皮卡教育委员会允许他们的孩子能和白人学生享有同等的教育权，能在原本为白人创办的学校一起读书，不过判决显示，他们败诉了。

1954年，原告再次提起诉讼，上诉到联邦最高法院，同时，一组分别来自堪萨斯、南卡罗来纳、弗吉尼亚和特拉华四州的关于中小学种族隔离教育的案件也上诉到联邦最高法院，联邦最高法院合并审理了包括布朗诉托皮卡教育委员会案在内的六起案件，并做出原告胜诉的最终判决：在公立学校中实行种族隔离是不平等的，是违反宪法的；公立学校应实行黑白合校。

布朗案的顺利执结，宣告美国黑人学生与白人学生从此享有同等的受教育权，为后来几十年美国在种族平等问题上取得实质性的进展奠定了基础，推动了社会的进步，在司法推动人权发展的宪政史上写下重要一页。同时，美国调动军队协助法院执行的做法也得到人们的一致称赞和推崇，在世界司法执行史上是重要的一个里程碑。

美国历史上这次带有划时代意义的执法事件，给每个人都上了一课：无论做什么，一旦决定做，就要做好，不找任何借口，这才是勇者的表现。

任何一个孩子都要明白，找借口是弱者的行径。因此，当你发现自己正在寻找借口时，赶紧控制自己，"悬崖勒马"，将精力转到如何才能最好最快地改变局势、解决困难上！

对此，孩子必须要明白，要做个成功的人，就必须要有成功的心态：不为自己找任何借口退缩，而是勇敢向前。

1.摆正态度，把责任心放在第一位

的确，没有人愿意主动失败或者出错，这也是很多人的借口。可一个对待工作不小心、不认真的人又怎么能够把工作完成得圆满出色呢？也就是说，不管你做什么事，摆正态度，才能减少失败出现的可能。

2.不要试图让别人为你承担失职的责任

有些不负责任的孩子在事情出现问题时，首先考虑的不是自身的原因，而是把问题归罪于外界或他人。这样的做法，不仅会让你养成推脱责任而不主动解决问题的习惯，还会影响自己的人际关系。

总之，如果你有找借口的习惯，那么，请彻底把借口从人生的字典中剔除，不要再做只想"如果"的人，而是做一名只想"如何"的人。"如果"和"如何"虽只有一字之差，却代表两种迥然不同的态度，"如果"只会让你推脱责任，逃避困难；而"如何"是一种积极的思维方式，会让你从失败中找根源，会积极寻找更有效的办法和措施解决问题。

第 8 章

结果骗不了人，
识别假性自律

坚持真正的自律

作为一个教育焦虑的妈妈，林丹对孩子的教育问题特别上心。为了对孩子开展全方位的教育，让孩子得到全面的发展，她甚至辞掉了非常好的工作，成了全职家庭主妇。她一心一意都扑在孩子身上，对孩子寄予了莫大的期望，只希望孩子能够青出于蓝而胜于蓝，实现她未曾实现的梦想。

想到积少成多的道理，林丹要求孩子每天背诵十个英语单词。听起来，一天背诵十个单词并不难，实际上如果每天都坚持背诵十个英语单词，一年就是3650个英语单词，这样做的效果可是不得了的。想到这里，林丹就非常兴奋，她压根没有想到孩子已经被她要求每天做50道计算题、背诵一首古诗和读三篇故事了。现在，她又给孩子加了十个英语单词，而丝毫没有想到这十个英语单词变成了压倒孩子的最后一根稻草。

每天晚上，虽然孩子安静地坐在书桌前，看似正在努力地学习，可到了考试时，孩子的英语成绩却非常糟糕。看到孩子的努力没有得到好的结果，林丹不由得感到很纳闷，当即打电话向英语老师询问情况："我家孩子每天都背十个英语单词，就凭着这个单词量，英语成绩也不应该这么差啊！"

老师说："您确定您的孩子每天都能背诵十个英语单词，而且都记下来了吗？即使是成人也很难坚持每天都背诵十个英语单词，我倒是认为孩子每天能够背诵一到三个英语单词就已经非常了不起了。"

林丹说："您这个要求太低了，对孩子成才而言，速度太慢，我觉得还是要背诵十个。"老师无奈地说："您知道您家孩子这次英语考试错得最多的地方是哪儿吗？很多学过的单词他都已经忘记了，所以他的考试成绩才会这么差。"林丹被老师说得哑口无言，这才开始反思自己的教育方式方法。

毫无疑问，林丹孩子的自律就是假自律。孩子之所以表现出自律的样子，就是因为被妈妈强求，如果让孩子主动去做，孩子根本不能够做到这样。因此，孩子除了装装样子让妈妈获得心理安慰，并没有真正达到妈妈的高标准、严要求，换而言之，即使孩子再努力，也不可能达到妈妈的要求。在现实生活中，很多妈妈都和林丹一样，对孩子的教育问题非常焦虑，恨不得一口就把孩子吃成个胖子。殊不知，罗马不是一天建成的，胖子也不是一口吃成的，不管是哪个孩子，不管孩子的天赋是高还是低，也不管孩子对某件事情是否有兴趣，要想成长，都要遵循循序渐进的规律。如果父母总是试图让孩子一夜之间就长大成人，最终得到的结果只能是失望。

真自律与假自律，仅从表面上看，并没有太大的区别。假自律的人也做足了表面上的文章，所以看起来很像真自律。只有在经受考验时，假自律才会现出原形，因为假自律并没有取得实际的效果。反之，真自律的要求虽然没有假自律的要求高，却能够真正达到效果，所以真自律的结果比假自律好得多。

太多的孩子之所以假自律，完全是被父母逼的。父母为孩子制订了很多目标和计划，想让孩子面面俱到地发展，结果贪多嚼不烂，孩子非但没有实现任何目标和计划，还被父母逼到绝境之中。与其这样逼迫孩子，不如让孩子集中精力做真正喜欢做的事情，坚持真自律，这样至少在某件事情上能够获得小小的成就。

假自律，概括而言，就是看起来正在做很多事情，却没有一件事情取得了效果。真自律完全相反，看起来只是在做一件事情，却取得了很好的效果。要想避免假自律，坚持真自律，父母在为孩子制订目标的时候就不要贪多，而是要少而精，而且要根据孩子实际的能力水平，制订符合孩子实际需求的目标。在孩子的成长过程中，父母不要一味地催促孩子，更不要揠苗助长。每件事情都需要按部就班地向前推进，孩子的成长更是如此。看起来孩子每次只能完成一个小小的目标，可日积月累，孩子就能够取得质的飞跃。

如何培养孩子的自律力

弄清楚自律的真正目的

很多父母对自律的理解都陷入了误区，认为所谓自律，就是要用满满当当的课外补习班把孩子的时间排得没有任何空缺，不给孩子任何喘息的机会，又要求孩子必须坚持上完这些补习班，认真地完成补习班留下的作业，才算是真正实现了自律。实际上，这是对自律的曲解。作为父母，不妨从成人的角度考虑：如果你已经辛苦工作了五天，到了周六日，老板突然让你从早晨八点加班到晚上八点，你会作何感想呢？难道你不喜欢加班，排斥加班，就是不自律的表现吗？事实上，在周六日得到充分的休息是你的权利。如果领导让你加班，就是在剥夺你休息的权利。你既可以选择配合，也可以选择捍卫自己的权利。同样的道理，孩子不想在周六日配合你参加补习，也是在捍卫自己休息的权利。因此，当孩子对补习表现出厌烦的感觉时，父母不要先急于指责孩子，而是要弄清楚自律的真正目的是什么。

俗话说，不忘初心，方得始终。在教育孩子的过程中，很多父母偏偏忘却了初心，他们的最初目的是希望孩子能够幸福快乐地成长，却剥夺了孩子幸福快乐的机会和权利，让孩子在无休止的作业中埋头苦干，让孩子在永远上不完的课外补习班之间来回奔波。如果孩子在年幼时就没有空闲的时间，那么在这漫长的一生之中，将来走上社会，承担繁重的工作，他们又怎么可能感受到幸福呢？没有童年的孩子是可悲的，甚至连快乐的回忆都没有。

记得曾经有一篇文章叫《牛蛙之殇》，说的是一个幼儿园的孩子为了冲刺民办的名校，在几年的时间里，一直非常辛苦地奔波在各个补习班之间，学习各种各样的技能。最终，这个孩子虽然通过了民办名校的考核，却因被诊断患上了抽动症，而被民办名校拒绝了。面对这样的结果，全家人都难以接受，特别失望和遗憾。其实，这都是父母的选择，而非孩子的本心，承受损失最大的就是孩子，孩子失去的是无忧无虑的童年。

要想帮助孩子自律，父母一定要认清自律的目的，自律是为了帮助孩子形成自我管理的能力，让孩子能够有意识地做出一些积极的举动，而不是让孩子被迫配合父母、接受父母的安排。有的时候，孩子逆来顺受是因为没有能力反抗。有些孩子虽然心里感觉厌烦，却不会明显地表现出来，所以父母在给孩子安排各种课外班时，要从孩子的身心发展特点出发，也要考虑到孩子的需求，这样才能更好地助力孩子成长。

小雨是个不折不扣的胖女孩。听到小雨被同学戏称为小胖墩，妈妈感到非常内疚，这是因为在小雨小时候，她从来不关注小雨的饮食健康。小雨喜欢吃各种垃圾食品，妈妈就买给小雨吃；小雨吃饭毫无节制，妈妈就由着她吃。正是妈妈的纵容，使小雨长得越来越胖。现在小雨长大了，上小学三年级了，妈妈意识到，如果小雨再继续胖下去，就该感到自卑了。有一次，小雨因为遭到同学的嘲笑而哭着回家，这促使妈妈下定了决心帮助小雨减肥。

妈妈为小雨制订了严苛的饮食计划。早晨，小雨只能喝一杯牛奶，吃一个煮鸡蛋；中午，小雨在学校吃饭，妈妈无法控制，所以就把晚餐做得特别清淡，有时候是清水挂面，有时候是白水煮青菜，有时候是木耳蘸酱。在妈妈大力度地执行节食菜谱的情况下，小雨常常喊饿，有时候因为饿极了，小雨还会从家里偷拿钱去外面买各种零食吃。一开始，妈妈毫无觉察。有一次，妈妈发现钱包里的钱少了，询问家里其他人是否动过她的钱包，最终得知是小雨偷拿的，所以狠狠地揍了小雨一顿。因为受到了这样的刺激，小雨突发急性胃肠炎，到了医院，经过医生的询问，妈妈才知道小雨偷吃了冰箱里的生冷食物。看到妈妈把小雨饿得如此饥不择食，医生忍不住批评说："孩子长这么胖都是你的原因，现在你却把责任推到孩子身上，以节食的方式惩罚孩子。大人都很难忍受饥饿，更何况是正处于长身体阶段的孩子呢？如果你继续这样，孩子很有可能会内分泌失调，出现饮食紊乱的情况，导致更严重的后果。"听了医生的话，妈妈懊悔极了。

孩子的一切行为表现都与父母有着密切的关系，如果父母不能循序渐进地引导孩子，让孩子积极主动地配合父母做出一些行为，而是强制要求孩子必须按照父母的标准去做，孩子就会出现各种各样的心理问题和行为问题。

每个孩子的脾气秉性都是不同的，有些孩子叛逆心理比较强，会与父母对着干；有些孩子性格内向，非常自卑，所以逆来顺受。面对孩子的不同表现，作为父母，一定不要给予孩子太大的压力，而是应该给予孩子更多的帮助。当意识到孩子的很多行为表现都与父母密切相关时，父母要从反省自身开始，就像事例中小雨的妈妈一样，固然帮助小雨减肥心切，却应该想到小雨之所以如此肥胖，并不完全是小雨的责任，而是因为在小雨不懂事时，父母没有给予小雨更好的照顾。在这样的情况下，父母更要有耐心，帮助小雨循序渐进地控制体重。

当父母做出过激的举动，对孩子提出严苛的要求时，孩子会感到身心疲急，常常做出逃避和畏缩的举动，不愿意面对自己无力承受的事情。一旦父母让孩子感到厌烦，孩子不仅不能养成自律的习惯，甚至还会出现完全相反的举动。例如，小雨偷吃冰箱里的生冷食物就是一个很好的例子。因此，无论何时，父母都要不忘初心，都要知道自己坚持让孩子自律的根本目的所在。

自律不是苛求，也不是吃苦

因为过度要求孩子自律，导致孩子厌烦的情况一旦发生，很多父母对自律的理解就会陷入另一个误区，觉得自律就是让孩子吃苦。父母自己坚持自律，也认为是自苦；让孩子自律，自然就是让孩子吃苦。在父母的苛刻要求下，孩子就像苦行僧一样生活，这对孩子而言当然是难以忍受的。

每当孩子在学习上叫苦叫累时，大多数父母会对孩子说："学习哪有不苦的。"长此以往，孩子就会形成一个错误的认知，觉得学习就是吃苦，吃苦才是学习，每个人都必须先吃苦，才能感受到甜蜜的滋味。长此以往，孩子就会把生活变成苦日子，就会把自己变成苦行僧。在这个过程中，父母还会为孩子制订严格、苛刻的学习目标和计划，以爱为名义，打着爱的旗号，逼迫孩子当苦行僧。久而久之，孩子对学习自然就失去兴趣，也就不愿意积极地学习。

看到孩子这样的表现，父母往往会觉得委屈，为自己辩解"我都是为了孩子好呀""孩子学习好，将来考上好大学，有一份好工作，又能给我什么好处呢""我是真心实意地为孩子好，我只希望孩子将来不要过得像我们现在这么辛苦"。的确，所有的父母都是天底下最爱孩子的人，为孩子的出发点毋庸置疑是好的，是不求回报的，但是爱也会变成一种负担和压力。世界上的很多事物都遵循着物极必反的道理，当爱变得过于沉重时，就不会给孩子温暖的感觉，而是会让孩子觉得不堪重负。如果这种爱全都变成了压力，沉甸甸地压在孩子身上，孩子非但不会感受到家庭生活的温暖，不会信任和依赖父母，反而会迫不及待地想要逃离父母的身边。

帅帅在学习上的表现一直很不错，虽然他的成绩在班级里不算出类拔萃，只位于中上等水平，可他的学习水平是很稳定的，而且他性格积极乐观、开朗外向，取得了全面的发展。正因为如此，班级的老师都喜欢帅帅。

即使老师都对帅帅的学习表现和成长表现非常满意，可妈妈仍不满意。妈妈总是说："帅帅，你还有很大的潜力没有发挥出来，你一定要发挥自己的所有潜能，才能在学习上有出类拔萃的表现。"每天，帅帅只要回到家里，妈妈就会让他抓紧时间吃饭。帅帅只能用十分钟吃完饭，接着妈妈就会把帅帅赶回房间，让帅帅伏案疾书，对着台灯点灯夜读。在短短几年的时间里，帅帅把椅子都坐坏了，还把两盏台灯用坏了。每当有客人来家里做客时，妈妈就会以此夸赞帅帅，说："看看我们家帅帅多么努力、认真呀！台灯都用坏了好几个了。他呀，天生就是学习的料，将来一定能够考上名牌大学。"

亲戚朋友都知道妈妈对帅帅的学习寄予了很高的期望，又看到帅帅每天昏头昏脑、睡眠不严重不足的样子，忍不住提醒说："孩子的学习是一个漫长的过程，您可不能这样透支孩子的时间和精力啊！如果孩子因为压力太大而病倒了，那可就得不偿失了。"妈妈总是不以为然，还反驳："学习怎么会累倒呢？学习就是要吃苦，为了学习吃苦是不会累倒的。"就在妈妈说出这段话没多久，帅帅就患上了严重的神经衰弱，他彻夜不能眠，一旦睡着了就会做与考试有关的梦，从睡梦中惊醒。

心理医生严肃地对妈妈说:"不要再给帅帅施加学习压力了,如果继续对他施加压力,他很有可能患上严重的抑郁症。"得到心理医生的警告之后,妈妈这才意识到问题的严重性,从此之后不再主张学习是苦,而是建议帅帅快乐学习。对帅帅的学习成绩,妈妈也马上降低了要求。

在孩子的生命有安全保障的情况下,父母总是对孩子提出过于苛刻的学习要求。一旦意识到孩子的生命安全面临威胁,父母马上就会对孩子降低要求。其实,与其等到孩子受到生命威胁时再对孩子降低要求,不如在孩子心理健康、热爱学习时,对孩子提出适当的要求,主张快乐学习,也以各种方式激励孩子发自内心地热爱学习。

和学习一样,真正的自律要发自内心。如果总是迫于外界的压力而坚持自律,就会消耗很多能量,反之,当主动坚持自律,在做完自己想做的事情之后,就会获得真正的成就感,也会感到非常充实,而不会感到身心疲惫。这就是主动自律产生的神奇作用。

小心自律路上的糖衣炮弹

很多年轻的父母对孩子都怀有殷切的希望，也会对孩子提出很高的要求。在坚持促使孩子达到目标的过程中，父母会承受很大的压力。家里如果只有年轻的父母，为孩子的教育制订政策、确立方向，至少能保持教育目标一致。如果家里还有年迈的老人，从小把孩子带大，在看到年轻的父母对孩子过于苛刻和严厉时，就会对此产生意见。在这种情况下，年轻的父母常常夹在孩子和老人之间左右为难。

老人对孩子的疼爱是隔代亲，因而常常溺爱孩子。对孩子坚持去做的一些事情，或者是父母要求孩子必须去做的事情，老人常常因为疼爱孩子而在其中起到相反的作用。当老人成为教育的阻力时，父母一定要坚持自己的原则和底线，不要因为老人的干扰就在教育孩子方面做出让步。

小梦是一个非常爱跳舞的孩子，在征求她的意见之后，妈妈为她报名参加了民族舞蹈班，学习民族舞蹈，注重练习基本功。在经过了几堂课的练习之后，老师就开始带着练习基本功。每次上课，妈妈和姥姥都陪着小梦。看到小梦练习基本功时因为牵拉了韧带疼得直哭，姥姥看着特别心疼，一直在妈妈面前嘀咕："这么小的孩子就要受这样的罪，看起来就像是过去穷人家的孩子被卖给耍杂技的马戏团子在耍杂技一样，这是遭的什么罪呀？可真是花钱买罪受！"

妈妈假装没有听见姥姥说的话。看到妈妈不搭理自己，等到小梦出来时，姥姥就开始对小梦发起糖衣炮弹。她对小梦说："小梦，拉韧带是不是特别疼？要不咱们别学跳舞了，好不好？"这个时候，小梦对跳舞还怀有浓烈的兴趣呢，所以她含着眼泪，摇了摇头说："小朋友们都在拉，我也要拉。"姥姥见到小梦不吃这一套，只好作罢。

过了一段时间后，开始练习比较危险的下腰活动，一开始是跪下腰，后来是站下腰。站下腰这个举动还是非常危险的，恰巧这个时候，网络上爆出新闻报道，一个6岁的女孩在练习跪下腰时把腰部的脊椎扭伤了，导致高位截瘫。得知这个新闻，姥姥更是抓住了把柄，索性直截了当地对妈妈说："不允许小梦去跳舞了。如果你再让她去跳舞，我就不帮你们带孩子了。"

受到姥姥的威胁，妈妈没有让步。她对姥姥说："不管做什么事情，都有风险。只要孩子在老师的保护下练习，是没有关系的。"然而，姥姥和姥爷一起给妈妈施加压力，最终妈妈只好询问小梦的意见。妈妈没有想到，姥姥姥爷早就提前做好了小梦的工作，还允诺只要小梦同意不再学习舞蹈，就给小梦买一辆自行车。正因为如此，在询问小梦的意见时，小梦坚决说不再学习舞蹈了，妈妈很无奈。

几年之后，和小梦一起学习了舞蹈的同学都已经考了好几级，舞蹈的功底越来越好，而小梦呢，因为突然停止练习舞蹈，又贪吃，所以长得越来越胖。

面对长辈施加的压力，年轻的父母总是感到左右为难，一方面希望把孩子培养成才，另一方面，老人说的风险又的确存在。再者，如果孩子的爸爸这个时候也支持老人的意见，或者孩子本身也缺乏顽强的意志力，就很容易受到糖衣炮弹的攻击，产生退缩的情绪。在这样的情况下，没有了家人的支持，没有了孩子的配合，妈妈自然会成为孤家寡人，也就没有支持者了。

在这个事例中，妈妈有一句话说得很对：不管做什么事情都会有困难，都会面临风险。当然，在成长的过程中，孩子也常常面临着来自长辈的糖衣炮弹，要想排除万难做出一定的成绩，一定要防范这些糖衣炮弹的攻击。这些糖衣炮弹有可能来自家庭以外的人，也有可能来自家庭内部的人。不管来自何方，如果它会阻碍和限制孩子的发展，父母就要一定帮助孩子抵制这种诱惑。真正的自律的养成是一个非常艰苦的过程，涉及生活的方方面面。自律绝不只体现在学习方面，也体现在孩子的行为、习惯、兴趣、爱好等方面。真正的自律是必须坚持到底的，要有吃苦的精神，尤其是要有不怕困难的精神，这样才能让自律扎根于生命，成为一种难能可贵的能力和品质。

持久的自律才有效果

真正的自律要求言行一致,当着他的面和背着他的面完全一样,否则就是伪装出的自律。伪装出的自律是做给别人看的,真正的自律是做给自己看的,所以真正的自律才不会受到他人的影响,始终保持完全一致的表现。

在现实生活中,很多孩子都在假装自律。他们很善于察言观色。在家庭生活中,如果很惧怕妈妈,当妈妈在家时,他们就会表现得非常好;一旦妈妈不在家里,他们就像失去控制一般,各个方面的表现都大打折扣。这样当面一套背后一套的本领,使人不由得怀疑孩子的品质有问题,实际上只是孩子在假自律的驱使下做出的行为举动。

作为父母,当发现孩子假自律时,不要因此批评、抨击孩子,甚至给孩子贴上负面标签。父母对孩子产生失望的情绪是可以理解的,可失望并不能真正解决问题,抱怨也只会使一切变得更糟糕。父母只有静下心来分析其中深层次的心理原因,满足孩子真正的心理需求,才能让孩子的自律行为有本质的改变。

有一点是毋庸置疑的,孩子当面一套背后一套不是因为其品质恶劣,而是因为正处于形成自律的过程中,还处在假自律的阶段,没有完全形成真正的自律。当形成真正的自律之后,孩子做出的行为不只是为了给自己在乎的人看，而是因为发自内心地认同自律的这种行为，也愿意接受自律带来的约束。

孩子的自律是非常脆弱的，这是因为自律还没有在生命中根深蒂固，还没有内化成为理所当然的习惯性行为。有些孩子自立的表现非常脆弱，哪怕只是一些小小的外在因素发生了改变，他们也会随之发生改变。例如，妈妈在家时，孩子每天都能够积极主动地完成作业；等到妈妈出差了，孩子马上就像放飞的小鸟一样自由自在，回家做各种各样的事情，就是不愿意做作业，这与孩子平日里为了在妈妈面前好好表现就逼着自己做不想做的事情密切相关。

当发现孩子出现这样的情况时，父母一定要引导孩子从假自律变成真自律，这样孩子才能形成更强的自律，也才会有更好的自律表现。

每次去书法老师那儿练字，晨晨的态度都非常认真，坐得端端正正，腰背挺直，握笔的姿势也很正确，所以老师每次都会表扬晨晨。得到老师的表扬之后，晨晨就表现得更好。让妈妈感到惊讶的是，老师描述的晨晨和家里的晨晨完全不同。

后来才发现，晨晨只有在书法老师面前才会表现出更好的自律，而在家里，他的自律性就大大降低。

晨晨的自律就是典型的暂时自律，他在书法老师面前表现出的是一副样子，回到家里当着父母的面表现出的又是另外一副样子。虽然这只是孩子假自律的表现之一，可在发现孩子出现这样的表现之后，如果父母不能及时纠正孩子，长此以往就会使孩子养成不好的行为习惯，且会对孩子的学习造成恶劣的影响。有些孩子因为长期坚持假自律，长大之后还会出现诚信问题，这是非常严重的。

不管在什么情况下，自律都必须持久，才能真正产生效果，父母要引导孩子形成真自律，不要只是为了暂时的安宁就纵容孩子假自律，否则孩子的假自律一旦成为习惯就很难扭转。

参考文献

[1]威廉·斯蒂克斯鲁德,奈德·约翰逊.自驱型成长[M].叶壮,译.北京:机械工业出版社,2020.

[2]尹丽华.自驱型成长[M].成都:四川人民出版社,2021.

[3]茉莉.让孩子轻松学会时间管理[M].北京:北京科学技术出版社,2018.

[4]王佳.如何培养儿童的自控力[M].北京:中国纺织出版社有限公司,2021.